Mike & Else's Swedish Songbook

Compiled and Edited by
Mike and Else Sevig

Historical Notes and Editing by
Dr. Anne-Charlotte Harvey

Piano Arrangements
by Else Sevig

Illustrations
by Linda Allen

SKANDISK, INC.
6667 W. Old Shakopee Rd., Suite 109 • Bloomington, MN 55438

Credits:

Piano Arrangements: Else Sevig
Illustrations: Linda Allen
Layout, Design & Keylining: Mike Sevig
Music Copying: David Swanson, Da Capo Music
Translation Editing: Mike and Else Sevig, Nancy Johnson and Dr. Anne-Charlotte Harvey
Cover Illustration: Linda Allen
Design: Koechel Peterson Design
Printing: Viking Press, Eden Prairie, MN

All rights reserved, including the right to reproduce this book or portions thereof in any form whatsoever.

For any questions regarding this book, write to the publisher, or call 952-866-3636.

ISBN 1-57534-025-9

© 1997, 1999 by Skandisk, Inc.
Third edition 2003

©Skandisk, Inc.
6667 West Old Shakopee Rd., Suite 109 • Bloomington, MN 55438
1-800-468-2424 • 1-952-866-3636
www.skandisk.com

Table of Contents

Folksongs
1. Ack Värmeland du sköna
2. Allt under himmelens fäste*
3. Amerikabrev
4. Barndomshemmet*
5. Blomman
6. Byssan lull
7. Cecilia Lind*
8. Chikago*
9. Dansen den går uppå Svinsta skär
10. Den första gång jag såg dig*
11. Det var dans bort i vägen
12. Du gamla, du fria*
13. Där björkarna susa
14. En gång jag seglar i hamn
15. En sjöman älskar havets våg*
16. Fjorton år*
17. Fjäriln vingad syns på Haga*
18. Flickan på Bellmansro*
19. Flickorna i Småland
20. Gubben Noak*
21. Helan går*
22. Hälsa dem därhemma*
23. Här är gudagott att vara*
24. Hör, hur västanvinden susar
25. I Ban a Swede
26. I sommarens soliga dagar*
27. Inte skall du fälla en tår
28. Ja, må han leva*
29. Jag väntar vid min stockeld
30. Johan på Snippen
31. John Johnson's Wedding*
32. Kostervalsen
33. Kristallen den fina*
34. Lilla vackra Anna
35. Lugn vilar sjön*
36. Min egen lilla sommarvisa
37. Nikolina*
38. Nocturne
39. När jag är tio år*
40. Och jungfrun hon går i dansen
41. Skada att Amer'ka
42. Sommarvandring
43. Så skimrande var aldrig havet
44. Tre trallande jäntor*
45. Uti vår hage*
46. Vem kan segla förutan vind?*
47. Vi gå över daggstänkta berg
48. Vila vid denna källa*
49. Vägarna de skrida
50. Å jänta å ja'*
51. Änglamarken*

Children's Songs
52. Bä, bä, vita lamm
53. Du tycker du är vacker
54. Gud, som haver barnen kär
55. Karusellen
56. Klara solen
57. Lasse, Lasse liten
58. Rida, rida ranka
59. Ritsch, ratsch, filibom
60. Skära, skära havre
61. Små grodorna*
62. Tjuv och tjuv*
63. Tre små gummor*

Christmas & Lucia Songs
64. Hej, tomtegubbar*
65. Hosianna, Davids Son
66. Julpolska*
67. Nu tändas tusen juleljus*
68. Nu är det jul igen*
69. När juldagsmorgon glimmar*
70. Räven raskar över isen
71. Sankta Lucia
72. Staffan var en stalledräng
73. Stilla natt, heliga natt*
74. Tomtarnas julnatt*
75. Var hälsad, sköna morgonstund*

Hymns
76. Barnatro*
77. Blott en dag*
78. Bred dina vida vingar*
79. Den blomstertid nu kommer
80. Glädjens herre, var vår gäst*
81. Han skall öppna pärleporten*
82. Härlig är jorden*
83. I den stilla aftonstund
84. Jag har en vän*
85. Jag har hört om en stad*
86. Jag kan icke räkna dem alla
87. Jag är främling*
88. Jesus kär, gå ej förbi mig*
89. När Guds röst till välkomst bjuder*
90. O hur härligt att få vandra*
91. O store Gud*
92. Sabbatsdag, hur skön du är*
93. Så går en dag*
94. Tack, o Gud, för vad du varit*
95. Tryggare kan ingen vara*
96. Var jag går

Singable English Translation

1. Ack Värmeland, du sköna

1. Ack, Värmeland, du sköna, du härliga land,
du krona bland Svea rikes länder!
Och komme jag än mitt i det förlovade land,
till Värmland jag ändå återvänder.
Ja, där vill jag leva, ja, där vill jag dö.
Om en gång ifrån Värmland jag tager mig en mö,
så vet jag att aldrig jag mig ångrar.

1. Oh, you beautiful Värmland, you wonderful area,
you are the crown of Swedish counties!
If I ever came in the midst of the promised land,
I would still return to Värmland.
There I want to live and there I want to die,
and if I should take a wife from Värmland,
I know I will never regret it.

2. I Värmeland—ja, där vill jag bygga och bo,
   med enklaste lycka förnöjder.
   Dess dalar och skog ge mig tystnadens ro,
   och luften är frisk på dess höjder.
   Och forsarna sjunga sin ljuvliga sång—
   vid den vill jag somna så stilla en gång
   och vila i värmländska jorden.

2. In Värmland there I want to build a house and live
   and enjoy simple pleasures.
   Its valleys and forests give me quiet peace,
   and the air is so fresh on the heights.
   And the waterfalls sing their delightful song—
   and to this song I will someday quietly sleep in.
   and rest in the soil of Värmland.

Text: A. Fryxell and F. A. Dahlgren
Melody: Folk Tune from Östergötland • *Literal Translation:* Else Sevig

Written for the folk opera Värmlänningarna *(1846), this unofficial anthem of the province of Värmland has become well known and loved also in Swedish America, as* Värmlänningarna *was the most performed work in Swedish American theater.*

2. Allt under himmelens fäste

1. :/: Allt under himmelens fäste
   där sitta stjärnor små. :/:
   Den vännen som jag älskat,
   den kan jag aldrig få.

2. :/: Han föll uti mitt tycke,
   det rår jag inte för. :/:
   Han lovte bli mig trogen
   intill min bleka död.

3. :/: Och sen så for han från mej,
   och sen fick jag en ann', :/:
   Jag fick den jag ej ville,
   och Sorgen heter han.

1. :/: The stars they shine so brightly,
   all in the sky above. :/:
   Oh, I shall never marry
   the lad I dearly love.

2. :/: 'Twas him my heart had chosen;
   I could not say him nay. :/:
   He promised to be faithful
   until my dying day.

3. :/: But then from me he parted,
   and then another came. :/:
   Unwillingly I wed him,
   and Sorrow is his name.

Text: Traditional • *Melody:* Folk Song from Gotland
Singable Translation: Noel Wirén

3 ✻ Amerikabrev

1. Ja, nu ska ja rita hem to you
   ett lite letters brev
   för att tala om hur very vell ja mår,
   men de är rätt länge sen, you see,
   som ja me pennan skrev
   så ja hoppas att du understand förstår.

2. Många dagar hava flytt sen dess
   ja for från Swedens lann,
   men ja lövver dej ännu, my litle friend,
   å fastän du mej bedrog
   å skämde ut dej mä en ann,
   ska ja älska dej intou my bitter end.

3. Ja ä frisk å kry te hälsan
   å ja har'et ganska bra,
   utan skryt ä ja allready ganska rik,
   för ja tjänar ganska very much
   mä daler varje da
   oppå Varner Jonsons Factorifabrik.

1. Yes, now I'll write
   a little letter home to you
   to tell you how very well I'm getting on.
   It's a long time, you see,
   since I've written with my pen;
   I hope that you will understand.

2. Many days have gone by
   since I left Sweden;
   but I still love you, my little friend.
   For even though you jilted me
   for another,
   I'll love you unto the bitter end.

3. I'm in good health
   and I have it rather fine.
   Without bragging, I am already pretty rich,
   for I earn quite a few
   dollars every day
   in Warner Johnson's factory.

4. Dä va sårglit som ja hörde
   att din fästman geck to hell,
   å att han blev killad utav en pistol,
   för han kom i bråk mä dagos
   när han geck i lann en kväll
   —ja, så gå de te i staden Liverpool.

5. Därför tänkte ja som så att
   när de gamla nu ä glömt,
   att ja skulle ta å fråga dej å be
   att du tog å reste hit, för dä
   ä drömmen som ja drömt,
   —å föräxten kan du ta din unge mä.

6. Men nu slutar ja å hoppas,
   att du tar å skriver hit
   fortast möjlist, å adressen min den ä:
   Mister Charles P. Anderson, 604B, Main Street,
   Person City, Indiana, U.S.A.

4. I was sorry when I heard
   your fiancé had gone to hell,
   and that he was killed by a pistol,
   for he got into a fight with Italians
   when he went ashore one evening
   —yes, that's the way it is in the city of Liverpool.

5. So I thought that
   when the old is now forgotten,
   that I should ask you a question:
   if you'd consider coming here, for that's
   the dream I've dreamed
   —and by the way, you can bring your kid, also.

6. But now I'll close with the hope
   that you'll write
   as soon as possible to this address:
   Mister Charles P. Anderson, 604B, Main Street,
   Person City, Indiana, U.S.A.

Text and Melody: Ruben Nilson
Literal Translation: Else Sevig

4 ✻ *Barndomshemmet*

1. Där som sädesfälten böja sig för vinden
   och där mörkgrön granskog lyser bakom dem,
   står den röda lilla stugan invid grinden
   som i forna dagar var mitt barndomshem.

   Det var sol och sommar i de gröna hagar
   när som atonåring jag därhemma var.
   Men de minnen jag har kvar från dessa dagar
   är de bästa och de vackraste jag har.

   REFRÄNG:
   Ifrån landet uti väster tanken glider
   hem till kära gamla Sverige då och då.
   Fast det nu har svunnit många, långa tider,
   barndomshemmet har jag aldrig glömt ändå.

2. Jag är gammal och nu lever jag på minnen
   av mitt hem och mina drömmars vackra land.
   Det som fordom brukat fängsla barnasinnet
   står tydligt för min inre syn ibland.

   Uti hemmet fick jag allt vad jag begärde,
   jag förstod det kanske först när jag blev stor.
   Och föräldrarna mig livets goda lärde,
   nu de äro borta, både far och mor.

3. Och min flicka sen, det fanns ej hennes like,
   hon var solen i mitt liv när jag var ung.
   Nu hon vilar uti dödens kalla rike,
   jag står ensam här, och världen syns mig tung.

   Och jag står då upp och griper vandringsstaven,
   men mitt lyckoland är endast en chimär,
   ty härute ska jag bäddas ner i graven,
   långt från hemmet och från dem jag hade kär.

1. Where the western winds go rippling through the grain fields
   and behind them glimmer dark green woods of pine,
   by the gate still stands the cottage, red and humble,
   which was long ago the childhood home of mine.

   There was sunshine, there was summer in the pasture
   when at eighteen for the last time I was there.
   But the mem'ries from those early days I treasure
   as my best and my most beautiful and fair.

   CHORUS:
   From this country way out west my thoughts are flying;
   now and then to dear old Sweden they will roam.
   Many years have passed of laughter and of crying,
   still I have not yet forgotten my childhood home.

2. I've grown old out here, and now I live on mem'ries
   of my home and of the country of my dreams.
   What in younger days did fill my mind and fancy
   comes before me now and still quite real seems.

   In my home I did have all that I could wish for,
   though perhaps I didn't see it clearly then.
   For my parents taught me all that now I treasure;
   now I'll never see them in this life again.

3. And my true love, there was not another like her,
   my sun set and rose in her when I was young.
   Now she sleeps the endless sleep, and here without her I am
   left alone, the world is wearisome.

   And I long for home, the pilgrim's staff I reach for,
   but afar I see my dreamland disappear,
   for out here they'll make my grave, and I'll be buried
   far from home and from the ones I held so dear.

Text: Kari Ewert • *Melody:* Paul Dresser
Singable Translation: Anne-Charlotte Harvey and Paul Anderson
Text used by Permission of Helge Nilson

5 Blomman

1. När vår Herre gör en blomma,
   gör Han stängeln mjuk och fin,
   sedan sätter Han små bladen där uppå.
   Sedan tar Hans starkhets hand
   all jordens färg och dunkla must,
   och se'n blåser Han sin ande in däri.
   Då står blomman där och lyser med de
   kärleksrika färger klara,
   kommen ur Guds egen hand
   att vara oss till fröjd.
   Blomma! Blomma! Var mitt hjärtas fröjd!

2. När vår Herre gör en flicka,
   gör Han nog på samma vis:
   först en vacker liten kropp, så mjuk och len.
   Sedan tar Hans starkhets hand
   från jord och himmel färg och ljus,
   och Han blandar dem ock skapar hennes själ.
   Då står flickan där och lyser
   bland de andra Herrans blomster klara,
   kommen ur Guds egen hand
   att vara oss till tröst—Flicka! Blomma!
   Var mitt hjärtas tröst!

1. When our Lord creates a flower,
   He makes the stem soft and beautiful.
   Then He places small leaves upon it;
   then His strong hand takes
   the color of the earth and the dark dusk
   and then blows His spirit into it.
   Then the flower stands here,
   glowing with clear, loving colors
   that came out of God's own hand
   to give us joy.
   Flower! Flower! Be the joy of my heart!

2. When our Lord makes a girl,
   He does it the same way:
   first a beautiful little body, so soft and lean.
   Then His strong hand takes
   all the light color of the earth
   and mixes them and creates her soul.
   Then the girl stands there glowing
   among the Lord's other beautiful flowers
   that came from God's own hand.
   To comfort us—Girl! Flower!
   Be the comfort of my heart!

Text and Melody: Martin Koch
Literal Translation: Else Sevig

6 Byssan lull

1. :/: Byssan lull, koka kittelen full,
   där kommer tre vandringsmän på vägen. :/:
   Den en, ack så halt,
   den andre, o så blind,
   den tredje säger alls ingenting.

2. :/: Byssan lull, koka kittelen full,
   på himmelen vandra tre stjärnor :/:
   Den ena är så vit,
   den andra är så röd,
   den tredje är månen den gula.

3. :/: Byssan lull, koka kittelen full,
   där blåser tre vindar på haven, :/:
   på Stora ocean,
   på lilla Skagerack
   och långt upp i Bottniska viken.

1. :/: Byssan lull—boil the full kettle,
   three wanderers are coming down the road. :/:
   The first one is limping,
   the second one is blind,
   the third one doesn't say anything.

2. :/: Byssan lull—boil the full kettle,
   in the sky three stars are wandering. :/:
   The first one is so white,
   the second one is so red,
   the third one is the yellow moon.

3. :/: Byssan lull—boil the full kettle,
   three winds are blowing at sea. :/:
   On the great ocean,
   on the little Skagerrak,
   and far up on the Gulf of Bothnia.

4. :/: Byssan lull, koka kittelen full,
där segla tre skutor på vågen. :/:
Den första är en bark,
den andra är en brigg,
den tredje har så trasiga segel.

5. :/: Byssan lull, koka kittelen full,
sjökistan har trenne figurer. :/:
Den första är vår tro,
den andra är vårt hopp,
den tredje är kärleken, den röda.

6. :/: Byssan lull, koka kittelen full,
tre äro tingena de goda. :/:
Den första är Gud Far,
den andra är hans Son,
den tredje mild Jungfru Maria.

4. :/: Byssan lull—boil the full kettle,
three sailing ships are sailing here. :/:
The first one is a barque,
the second one is a brig,
the third one has ragged sails.

5. :/: Byssan lull—boil the full kettle,
the treasure chest has three figures. :/:
The first one is our faith,
the second one is hope,
the third one is the red love.

6. :/: Byssan lull—boil the full kettle,
there are three good things. :/:
The first one is God our Father,
the second is his Son,
the third one is the mild Virgin Mary.

Copyright © by Elkan & Schildknecht, Emil Carelius, Stockholm, Sweden. Used by Permission
Text and Melody: Evert Taube • *Literal Translation:* Else Sevig

Poet and troubadour Evert Taube based this song on an old lullaby, probably of Norwegian origin.

7 ❄ Cecilia Lind

Andante

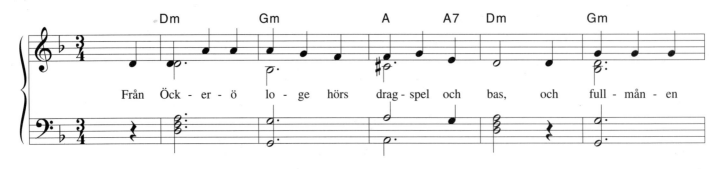

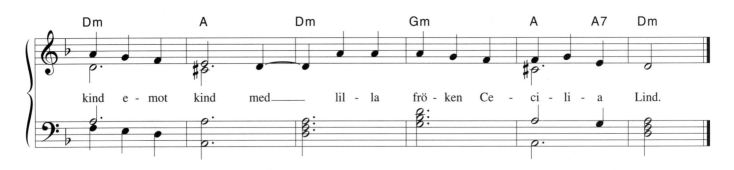

1. Från Öckerö loge hörs dragspel och bas,
   och fullmånen lyser som var den av glas.
   Där dansar Fredrik Åkare kind emot kind
   med lilla fröken Cecilia Lind.

2. Hon dansar och blundar så nära intill,
   hon följer i dansen precis vart han vill.
   Han för och hon följer så lätt som en vind.
   Men säg varför rodnar Cecilia Lind?

3. Säg var det för det Fredrik Åkare sa?
   Du doftar så gott och du dansar så bra.
   Din midja är smal och barmen är trind!
   Vad du är vacker, Cecilia Lind!

4. Vet hut, Fredrik Åkare, skäms gamla karl'n!
   Cecilia Lind är ju bara ett barn.
   Ren som en blomma, skygg som en hind.
   Jag fyller snart sjutton, sa' Cecilia Lind.

1. Near Gothenburg's seacoast an orchestra plays
   A full moon is shining like glass through the haze.
   They dance cheek-to-cheek as the accordions begin,
   Fred Singer and sweet Miss Cecilia Lind.

2. She closes her eyes and his heartbeat she feels.
   She floats in his arms as they swing on their heels.
   He leads and she follows as light as the wind.
   But why are you blushing, Cecilia Lind?

3. Could it be something Fred Singer has said?
   "Your grace and your perfume go straight to my head.
   Your figure is lovely 'et tres feminine'!
   My God, you're so pretty, Cecilia Lind."

4. Shame on you, Freddy, your old heart's gone wild!
   Cecilia Lind is still only a child
   as pure as a flower, unblemished by sin.
   "I'm soon seventeen," said Cecilia Lind.

5. Men dansen tog slut och vart skulle dom gå?
   Dom bodde så nära varandra ändå.
   Till slut kom dom fram till Cecilias grind
   Nu vill jag bli kysst, sa Cecilia Lind.

6. Och stjärnorna vandra och timmarna fly,
   och Fredrik är gammal men månen är ny.
   Ja, Fredrik är gammal men kärlek är blind.
   Åh, kyss mig igen, sa Cecilia Lind.

5. But the band finished playing, where could they go now?
   The street where she lived was near his anyhow.
   They arrived at her gate and before going in,
   "I want you to kiss me," said Cecilia Lind.

6. The hours drift away in the stars' magic light.
   Though Freddy is old, there's a new moon tonight.
   They say love is blind, you may lose—you may win.
   "Oh, kiss me again," said Cecilia Lind.

© Copyright Warner/Chappell Music Scandinavia AB. Used by Permission.
Text and Melody: Cornelis Vreeswijk • *Singable Translation:* Roger Hinchliffe

In the tradition of "Kostervalsen" and "Svinnsta skär," this late-20th-century summer waltz evokes the Stockholm archipelago.

8 ❄ Chikago

Allegro

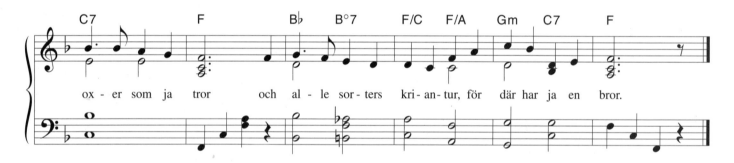

1. Chikago, Chikago, det ä en stad så stor,
   där finns så mycke häster, där finns så mycke kor.
   Där finns så fete griser och oxer som ja tror
   och alle sorters kriantur, för där har ja en bror.

2. Där finns så store gater, där finns så store hus,
   som ä en mil i höjda och lyser utå ljus.
   Där levs det glada livet allt uti sus och dus,
   där rökes det cigarer, för där finns inget snus.

3. Och högt uppi lufta järnväga går,
   det går så fint te komma opp i fall en vill gå på.
   Så mange granne saker en skåda där kan få
   och tåget är så långt som en mil heller så.

1. Chicago, Chicago, now dere's a real big town
   with many cows and horses, a city of renown,
   and many well-fed piggies, and oxen, too, I svear,
   and any kind of lively stock, for brudder mine lives dere.

2. Da houses are enormous, da streets day are so vide,
   dose houses stand a mile high, and shine so full of light!
   Da high life full of vine, vomen, song sounds pretty loose,
   and everybody smokes cigars, dey're all too rich for snoose.

3. Da railroad, imagine, goes high 'bove the ground,
   it's easy to get up dere if you like to look around.
   So many fancy things you can see from vay up high,
   da train is six miles long or thereabouts, and dat's no lie.

4. Det här har bror min sagt för mig,
   så nog så är det sant
   att ingenstans i världa
   där är så illengant:
   om natta skiner sola,
   så härligt och så grant,
   för om daga är det ljust ändå,
   så nog är det galant.

5. Nu packer ja pagaget
   och sedan hän ja drar,
   ja reser till Chikago och där ja stannar kvar,
   och där ja tänker bliva en fin och granner karl.
   Ajöss med er nu allihop, för nu iväg ja drar!

4. All dis my brudder's told me,
   so sure it must be thus,
   dat nowhere else on earth life is
   quite so marvelous;
   at night the sun is shining
   so brilliantly bright,
   but in the daytime, there's de daylight,
   isn't dat all right.

5. So I have packed my bags,
   and now I'm on my vay:
   I'm leaving for Chicago, forevermore to stay,
   and dere I'm gonna be a fellow rich and svell!
   I'm taking off right now, so to you all dis is farevell!

Text and Music: Calle Lindström
Singable Translation: Anne-Charlotte Harvey and Maury Bernstein

A recording of "Chikago" made in Sweden in the 1920s by singer/comedian Calle Lindström established this song's popularity on both sides of the Atlantic. Chicago, like Minneapolis, was one of the major urban centers for Swedish immigrants. Lasse from Ossebo, the character in this song, has heard many marvelous things about Chicago from his brother who lives there.

9 Dansen den går uppå Svinnsta skär

1. Dansen den går uppå Svinnsta skär,
   hör klackarna mot hällen.
   Gossen han svänger med flickan kär
   i stilla sommarnatt.
   Blommorna dofta från hagen där
   och många andra ställen,
   och mitt i taltrastens kvällskonsert
   hörs många muntra skratt.

   REFRÄNG:
   Ljuvlig är sommarnatten,
   blånande vikens vatten.
   Och mellan bergen och tallarna
   höres musiken och trallarna.
   Flickan har blommor i håren,
   månen strör silver i snåren.
   Aldrig förglömmer jag stunderna där
   uppå Svinnsta skär.

1. There is a dance out on Svinnsta skerry,
   listen to the heels against the flat rocks.
   The boys swing their sweethearts
   in the still summer night.
   The flowers give off a scent from the pasture
   and many other places,
   and in the middle of the song thrush's evening concert
   are many happy laughs.

   CHORUS.
   The summer night is delightful,
   the water of the bay is turning deeper blue.
   And between the mountains and pines
   are heard musicians and players.
   The girl has flowers in her hair,
   the moon spreads silver in the thicket.
   Never will I forget those moments out there
   up on Svinnsta skerry.

2. Gossen tar flickan uti sin hand
   och vandrar nedåt stranden,
   lossar sin jolle och ror från land
   bland klippor och bland skär.
   Drömmande ser han mot vågens rand
   som rullar in mot sanden,
   kysser sin flicka så ömt ibland
   och viskar: "Hjärtans kär".

3. Solen går upp bakom Konungssund
   och stänker guld på vågen.
   Fåglarna kvittra i varje lund
   sin stilla morgonbön.
   Gäddorna slå invid skär och grund
   så lekfulla i hågen.
   Men sista valsen i morgonstund,
   man hör från Svinnerön:

2. The boy takes the girl by the hand
   and wanders down to the shore,
   loosens his dingy and rows from land
   among the cliffs and the skerries.
   Dreaming, he looks toward the edge of the wave
   that drifts in toward the sand;
   he kisses his girl so sweetly
   and whispers, "Sweetheart."

3. The sun rises behind Konung sound
   and spreads gold on the wave.
   The birds are twittering in every grove
   their quiet morning prayer.
   The pike flip around
   in carefree playfulness.
   But the last waltz of the morning hour
   one can hear from Svinnsta skerry.

Text and Melody: Gideon Wahlberg
Literal Translation: Mike Sevig

Set on an island in Bråviken near Norrköping, this summer dance waltz from the 1920s was introduced in Swedish America by Olle i Skratthult under the title "Dansen på Lyckoskär" (The Dance on Happiness Isle).

10 ❋ *Den första gång jag såg dig*

1. Den första gång jag såg dig,
   det var en sommardag,
   på förmiddan, då solen lyste klar,
   och ängens alla blommor
   av många hundra slag,
   de stodo bugande i par vid par.
   Och vinden drog så sakteligt
   och nere invid stranden,
   där smög en bölja kärleksfull
   till snäckan uti sanden.
   Den första gång jag såg dig,
   det var en sommardag,
   Den första gång jag tog dig uti handen.

1. The first time that I saw you,
   it was a summer day.
   The morning sun was high in heaven's blue,
   And all the meadow's flowers,
   in colors fresh and gay,
   Stood round and bowed politely two by two.
   So soft the wind was whispering,
   and down upon the strand, dear,
   The rippling wave crept fondly
   toward seashells along the sand, dear,
   The first time that I saw you,
   it was a summer day.
   The first time that I took you by the hand, dear.

2. Den första gång jag såg dig,
    då glänste sommarskyn,
    så bländande som svanen i sin skrud.
    Då kom det ifrån skogen,
    från skogens gröna bryn
    liksom ett jubel utav fåglars ljud.
    Då ljöd en sång från himmelen,
    så skön som inga flera;
    det var den lilla lärkan grå,
    så svår att observera.
    Den första gång jag såg dig,
    då glänste sommarskyn
    så bländande och grann som aldrig mera.

3. Och därför när jag ser dig,
    om ock i vinterns dag,
    då drivan ligger glittrande och kall,
    nog hör jag sommarns vindar
    och lärkans friska slag
    och vågens brus i alla fulla fall.
    Nog tycker jag ur dunig bädd
    sig gröna växter draga
    med blåklint och med klöverblad,
    som älskande behaga,
    att sommarsolen skiner
    på dina anletsdrag,
    som rodna och som stråla och betaga.

2. The first time that I saw you,
    bright shone the summer sky,
    As dazzling as the swan in white array.
    There came from out the woodland
    a sudden joyful cry,
    Where forest fringe was green against the day.
    'Twas like a song from Paradise,
    and there above us winging,
    Far, far away and hard to see,
    the little lark was singing.
    The first time that I saw you,
    bright shone the summer sky,
    Its gentle warmth and light about us flinging.

3. And now whene'er I see you,
    though winter wind be chill.
    When snow lies deep all glitt'ring white and cold,
    I hear the summer breezes,
    the lark above the hill,
    While splashing wavelets murmur as of old.
    I think I see the grasses green,
    and smell the fragrant flowers,
    The clover, too, that charmed us,
    and the summer-scented bowers.
    That summer sun is beaming
    in your bright features still,
    And glows for me through winter's longest hours.

Text and Melody: Birger Sjöberg
Singable Translation: Helen Asbury

This lyrical exploration of love expressed in nature imagery is one of Birger Sjöberg's poems from Fridas visor (Frida's Songs), a cycle of poems about the beloved Frida seen against the backdrop of small-town (Vänersborg), turn-of-the-century life.

11 ❋ Det var dans bort i vägen

1. Det var dans bort i vägen på lördagsnatten, över
   nejden gick låten
      av spelet och skratten,
   det var tjoh! det var hopp! det var hej!
   Nils Utterman, token och spelemansfanten,
   han satt med sitt bälgspel vid landsvägskanten,
   för dudeli! dudeli! dej!

2. Där var Bolla, den präktiga Takeneflickan,
   hon är fager och fin, men har intet i fickan,
   hon är gäcksam och skojsam och käck.
   Där var Kersti, den trotsiga, vandrande, vilda, där
   var Finnbacka-Britta och Kajsa och Tilda
   och den snudiga Marja i Bäck.

1. There was a dance down the road Saturday night;
   throughout the neighborhood was the sound
      of playing and laughter.
   It was whoopy, it was hop, it was whoop-ti-do!
   Nils Utterman, the fool and musician,
   sat with his accordion on the side of the road,
   playing fiddeli-diddle dee.

2. There was Bolla, the topnotch Taken girl;
   she is fair and beautiful, but has nothing in her pocket.
   She is flirtatious, challenging, funny and daring.
   There was Kersti, the stubborn, wandering, wild.
   There was Finnbacka-Britta and Kajsa and Tilda
   and the snooty Marja from Bäck.

3. Där var Petter i Toppsta
    och Gusten i Backen,
  det är pojkar, som orka att kasta på klacken
  och att vischa en flicka i skyn.
  Där var Flaxman på Torpet
  och Niklas i Svängen
  och rekryten Pistol och Högvaltadrängen
  och Kall-Johan i Skräddarebyn.

4. Och de hade som brinnande blånor i kroppen,
  och som gräshoppor hoppade Rejlandshoppen,
  och mot stenar av klackar det small.
  Och rockskörten flaxade, förkläden slängde,
  och flätorna flögo och kjolarna svängde,
  och musiken den gnällde och gnall.

5. In i snåret av björkar
    och alar och hassel
  var det viskande snack, det var tissel och tassel
  bland de skymmande skuggorna där,
  det var ras, det var lek över stockar och stenar,
  det var kutter och smek under lummiga grenar
  —vill du ha mig, så har du mig här!

6. Över bygden låg tindrande stjärnfager natten,
  det låg glimtande sken över skvalpande vatten
  i den lövskogsbekransade sjön,
  det kom doft ifrån klövern på blommande vallar
  och från kådiga kottar på granar och tallar,
  som beskuggade kullarnes krön.

7. Och en räv stämde in i den lustiga låten,
  och en uv skrek uhu! ifrån Brynbärsbråten,
  och de märkte, de hörde det ej.
  Men uhu! hördes ekot i Getberget skria,
  och till svar på Nils Uttermans dudelidia!
  kom det dudeli! dudeli dej!

3. There was Petter from Toppsta
    and Gusten from Backen,
  who managed to kick their heels
  and to lift the girls in the air.
  There was Flaxman from Torpet
  and Niklas from Svängen
  and private Pistol and the Högvalta hired hand,
  and Kall-Johan from Skräddare village.

4. And they had burning muscles in their bodies,
  and they danced the schottische like grasshoppers,
  and the heels clicked against the rocks,
  and the coattails flapped and the aprons fluttered,
  and the braids flew and the skirts swung,
  and the music shreaked and squeaked.

5. In the thicket of birches,
    alder and hazelnut trees,
  there were still whispering sounds
  among the shadows of the trees.
  There were noisy games over sticks and stones.
  There was cuddling under the branches.
  If you want me, here I am!

6. Over the area was a bright starry night,
  there was a shine over the moving water
  in the lake surrounded by a hardwood forest.
  There came a scent from the clover in blooming fields,
  and from resinous cones of pine and spruce
  that shade the hilltops.

7. And a fox joined in the joyful sound
  and an owl called hoot! from Brynbärsbråten,
  and they didn't notice, didn't hear it.
  But the hoot echoed in the Getberg mountain.
  And as an answer to Nils Utterman's fiddle diddle,
  came a fiddleli-diddeli-di.

© Copyright AB Carl Gehrmans Musikförlag, Stockholm. Used by permission.
Text: Gustaf Fröding • *Melody:* Helfrid Lambert • *Literal Translation:* Else Sevig

An old-time rural Saturday night dance is vividly evoked by the Värmland poet Gustaf Fröding.

12 ❊ *Du gamla, du fria*

1. Du gamla, du fria, du fjällhöga Nord,
   du tysta, du glädjerika, sköna!
   Jag hälsar dig, vänaste land uppå jord,
   din sol, din himmel, dina ängder gröna,
   din sol, din himmel, dina ängder gröna.

2. Du tronar på minnen från fornstora dar,
   då ärat ditt namn flög över jorden.
   Jag vet att du är och du blir vad du var.
   Ack, jag vill leva, jag vill dö i Norden!
   Ack, jag vill leva, jag vill dö i Norden!

1. Thou ancient, thou freeborn, thou mountainous North,
   In beauty and peace our hearts beguiling,
   I greet thee, thou loveliest land on the earth,
   Thy sun, thy skies, thy verdant meadows smiling,
   Thy sun, thy skies, thy verdant meadows smiling.

2. Thy throne rests on memories from great days of yore,
   When worldwide renown was valor's guerdon.
   I know to thy name thou art true as before.
   Oh, I would live and I would die in Sweden,
   Oh, I would live and die in Sweden.

Text: Richard Dybeck • *Melody:* Swedish Folk Tune
Singable Translation: Noel Wirén

*Today Sweden's national anthem, this romantic song was originally titled "Du gamla, du friska"
and is a popular folk art song on concert programs in Swedish America.*

13 ❄ *Där björkarna susa*

1. Där björkarna susa
   sin milda sommarsång
   och ängen av rosor blommar,
   skall vårt strålande brudefölje en gång
   draga fram i den ljuvliga sommar.

2. Där barndomstidens minnen
   sväva ljust omkring.
   och drömmarna på barndomsstigar vandra,
   där skola vi i sommar växla tro och ring,
   och lova att älska varandra.

3. Där björkarna susa
   där skola vi bland dem
   svära trohet och kärlek åt varandra.
   Där skola vi se'n bygga vår unga lyckas hem,
   och göra livet ljuvligt för varandra.

1. Where the birches are whispering
   their mellow summer song
   and the meadows with roses are blooming
   shall some day our enchanted wedding party go forth
   in the beautiful summer.

2. Where the childhood memories are soaring
   and the dreams are wandering
   on childhood paths this summer,
   there we will exchange faithfulness and rings
   and promise to love one another.

3. Where the birches are whispering,
   there we among them will
   exchange vows and pledge our love to each other.
   There we will later build our young happy home
   and make life pleasant for one another.

© Copyright Fazer Musiikki OY, Espoo, Finland. Used by Permission.
Text: Viktor Sund • *Melody:* Oskar Merikanto • *Literal Translation:* Else Sevig

This song from Swedish Finland is a favorite for summer weddings in Sweden.

14 ❋ En gång jag seglar i hamn

1. Liten blir stor, drömmer och tror
   Kommer du snart till mej?
   Rosende kind, kommer en vind
   För den mej hem till dej. Oh,

   REFRÄNG:
   En gång jag seglar i hamn,
   En gång är du i min famn.
   En gång berättas min vän
   Sagan om den, som kommer igen.
   En gång i drömmarnas land
   Vandrar vi två hand i hand.
   En gång, min älskling,
   Kommer jag hem till dej!

1. Young ones grow up, dream and believe,
   Are you coming to me soon?
   Rosy cheeks, a wind comes,
   leading me home to you. Oh,

   CHORUS:
   One time I will sail into the harbor.
   One time you will be in my arms,
   One time it will be told, my friend,
   The story about the one who returns.
   One time in dreamland
   The two of us will go hand in hand.
   One time, my darling,
   I will come home to you.

© Copyright Nils-Georgs Musikförlag AB, Stockholm, Sweden. Used by Permission.
Text and Melody: Stig Olin • *Literal Translation:* Else Sevig

A sailor's waltz from the 1950s by Swedish actor Stig Olin, father of international cinema star Lena Olin.
A must for any sing-along including Swedes of his generation!

15 ✻ En sjöman älskar havets våg

1. En sjöman älskar havets våg,
    ja, vågornas brus.
   När stormen skakar mast och tåg,
    hör stormarnas sus.

REFRÄNG:
   :/: Farväl, farväl, förtjusande mö,
    vi komma väl snart igen. :/:

2. Hon viskar ömt och ljuvt mitt namn,
    Kvid vågornas brus,
     "Kom snart tilbaka i min famn,
    från stormarnas sus."

REFRÄNG:
   :/: Farväl, farväl, förtjusande mö,
    vi komma väl snart igen. :/:

1. A sailor loves the salty brine,
    The roar of the sea.
   When tempests shake her mast and line,
    The wild winds are free.

CHORUS:
   :/: Farewell, farewell, my girl sweet and fair!
    I think we shall soon be back. :/:

My name she whispers tenderly—
    The roar of the sea.
     "Come back to me, come soon to me,
    from wild winds and free."

CHORUS:
   :/: Farewell, farewell, my girl sweet and fair!
    I think we shall soon be back. :/:

Text: G. A. Ossian Limborg • *Melody:* Wilhelm Bauck
Singable Translation: Martin S. Allwood and John Hollander

16 Fjorton år

1. Fjorton år tror jag visst att jag var,
   liten flicka, så munter och så glad.
   Ingen friare hörde jag av,
   och ingen heller jag tänkte uppå.

   La, la, la, la, la, la, la, la, la, la, la, la, la
   La, la, la, la, la, la, la, la, la, la, la, la, la

2. Serra tre när jag blev sjutton år,
   solen sken, göken gol, och det var vår.
   Allt var skönt, jorden grön, himlen blå,
   men likväl feltes mig något ändå.

3. Ja, nu är det ej mer som det var,
   stundom är jag så sorgsen, stundom glad.
   Stundom är jag så vit, stundom röd,
   å jag vill varken leva eller dö.

1. Fourteen years, I should say, was my age,
   Just a girl full of spirits blithe and gay.
   Not a suitor I then did have,
   And ne'er a thought to a lad I ever gave.

   La, la, la, la, la, la, la, la, la, la, la, la, la
   La, la, la, la, la, la, la, la, la, la, la, la, la

2. Lack a day in my seventeenth year.
   Shone the sun, cuckoos sang and spring was here.
   All was fair, green the earth, blue the sky,
   But still for something, I lack'd, I knew not why.

3. Now, alas, nothing is as before.
   Now I weep, now I'm merry as of yore;
   Sometimes pale, then again blushing red,
   I care not whether I am alive or dead.

Text: Henrik Liljebjörn • *Melody:* Swedish Folk Tune
Singable Translation: Noel Wirén

The melody's opportunities for vocal display made this folk song a staple in the repertoire of world-famous Swedish singer Jenny Lind (1820-1887), whose Barnum tour introduced it in America.

17 ✳ Fjäriln vingad syns på Haga

1. Fjäriln vingad syns på Haga
   mellan dimmors frost och dun
   sig sitt gröna skjul tillaga
   och i blomman sin paulun.
   Minsta kräk i kärr och syra,
   nyss av solens värma väckt,
   till en ny, högtidlig yra
   eldas vid sefirens fläkt.

2. Haga, i ditt sköte röjes
   gräsets brodd och gula plan.
   Stolt i dina rännlar höjes
   gungande den vita svan.
   Längst ur skogens glesa kamrar
   höras täta återskall
   än från den graniten hamrar,
   än från yx i björk och tall.

1. O'er the misty park of Haga
   In the frosty morning air
   To her green and fragile dwelling
   See the butterfly repair;
   E'en the least of tiny creatures,
   By the sun and zephyrs warmed,
   Wakes to new and solemn raptures
   In a bed of flowers formed.

2. In thy leas, O royal Haga,
   What a fair and grassy space!
   Proud the swan upon thy waters
   All her gleaming grace displays.
   In the forest's distant chambers,
   Where the echoing axes call,
   E'en the granite stones are molded
   And the birch and pine tree fall.

3. Se, Brunnsvikens små najader
   höja sina gyllne horn,
   och de frusande kaskader
   sprutas över Solna torn.
   Under skygd av välvda stammar
   på den väg man städad ser
   fålen yvs och hjulet dammar,
   bonden milt åt Haga ler.

4. Vad gudomlig lust att röna
   inom en så ljuvlig park,
   då man, hälsad av sin sköna,
   ögnas av en mild monark.
   Varje blick hans öga skickar
   lockar tacksamhetens tår.
   Rörd och tjust av dessa blickar,
   själv den trumpne glättig går.

3. Lo! Brunnsviken's tiny naiads
   All their golden horns upraise,
   As a white cascading fountain
   Over Solna's church tower plays.
   'Neath thy green and leafy arbors
   On these trim and gravelled aisles,
   Where the filly trots, the farmer
   At thy charms, O Haga, smiles.

4. How delightful 'tis to savor
   Within a park so rare
   Both a royal monarch's favor
   And the greetings of the fair!
   Every glance his eye dispenses
   Asks of gratitude a tear;
   E'en the sullen in his sorrow
   Must at Haga find new cheer.

Text and Melody: Carl Michael Bellman
Singable Translation: Paul Britten Austin

The 18th-century poet and troubadour Carl Michael Bellman's best-known pastoral ballad describes the Royal pleasure park of Haga north of Stockholm, a favorite retreat for King Gustav III (the song's "monarch"). In the late 19th century Bellman was loved and celebrated also in Swedish America, especially among the Swedes in New York and Chicago.

1. På Djurgårdsslätten, en sommarkväll,
   ja' mötte honom, han va' så snäll,
   ty mitt på slätten han knöt min sko,
   å vi fick sällskap till Bellmansro.

2. Där uti gräset vi slog oss ned
   allt intill roten utav ett träd,
   på samma ställe där Bellman stod
   när han sjöng visor på Bellmansro.

3. Han lade handen allt uti min,
   i mina ögon han titta in.
   Han lova kärlek, han lova tro,
   han lova kvällsmat på Bellmansro.

4. Så la' han armen omkring mitt liv
   i fjärran hördes ett positiv.
   Musiken satte igång mitt blod,
   så ja' såg himmelen vid Bellmansro.

5. Se'n ville ja' ha den maten, som
   han hade lovat när som han kom.
   Han hade lovat mej kabeljo,
   men ja' fick senapssås på Bellmansro.

6. Så gick han bort att beställa den
   å sade: "Vänta, min dyra vän!"
   Ja' väntat länge, det kan I tro,
   ja' väntar ännu vid Bellmansro.

7. Nu åren flyktat, de svunnit har,
   å under tiden har han blitt kvar.
   Men får ja' fast på'en, ja' slår min klo
   i både honom å Bellmansro.

1. On Djurgard's Plain, one fair summer's eve,
   'twas there I met him, he was so sweet,
   for on the plain there he laced my shoe
   and kept me company to Bellmansro.

2. Then in the grass there we sat us down
   under a tree with a great big crown.
   It was the same spot where, years ago,
   Bellman sang Bellman songs at Bellmansro.

3. And then his hand in my hand he placed
   and deeply into my eyes he gazed.
   He pledged to love me and to be true,
   —and promised supper there at Bellmansro.

4. And then his arm round my waist did sneak,
   a hurdy-gurdy began to squeak.
   The distant music, it stirred me so
   that I glimpsed Heaven there at Bellmansro.

5. But then I wanted the supper meat
   which he had promised me we would eat,
   for he had promised me kabeljo
   —but I got mustard sauce at Bellmansro!

6. Then he departed to order it
   and told me, "Wait here a little bit!"
   I've waited ages, I'm telling you,
   and still I'm waiting here at Bellmansro.

7. Now years have passed, they have gone their way,
   and all the time he has stayed away.
   But if I catch him, I'll ne'er let go
   of him, until we eat at Bellmansro!

Text and Melody: Kalle Nämndeman
Singable Translation: Anne-Charlotte Harvey • Used by Permission

Although written in Sweden, this song is almost unknown there today. Bellmansro is an oak grove in the park of Djurgården in Stockholm, named after the 18th-century composer and poet Carl Michael Bellman, whose bust was unveiled there in 1829. The original has one more strophe. This version has removed all references to the resulting illegitimate child and is the version used in Scandinavian America.

19 Flickorna i Småland

1. På lingonröda tuvor och på villande mo
      där furuskogen susar
   susilull och susilo.
   Där kan du se dem, en och en,
   och stundom två och två,
   på lingonröda tuvor komma dansande på tå:

   REFRÄNG:
   Det är flickorna i Småland,
   det är flickorna från mon.
   Det är flickorna som vallmoblom
   och lilja och pion.
   Ja, det är flickorna i Småland,
   susilull och susilo,
   som går vallande och trallande på villande mo.

2. Och går du ut på vägarna, du gångande sven,
   ja, går du ut i världen för att söka dig en vän,
   och frågar du och spörjer, susilull och susilo,
   var månn' i hela världen de bästa flickor bo.

3. Och vänder du dig spörjande
   att få den gåtan löst,
   och vänder du dig sörjande mot väster och mot öst,
   då skall du höra vindens susilull och susilo,
   dig svara var i världen de bästa flickor bo.

1. On lingon-red tufts and on the wild plains
      where the pine trees are sighing,
   "susilull and susilo,"
   there you can see them, one by one,
   and sometimes two by two,
   on lingon-red tufts coming dancing on their toes:

   CHORUS:
   They are the girls in Småland,
   they are the girls from the plains.
   they are the girls, like poppies
   and lilies and peonies.
   Sure, they are the girls in Småland,
   "susilull and susilo;"
   they go herding and singing on the wild plains.

2. If you head out on the road, you wandering guy,
   if you head out into the world to seek a sweetheart,
   and if you ask, "susilull and susilo,"
   where in the world the best girls live?

3. If you wander, asking
   to solve that riddle,
   if you turn sorrowful toward west and east,
   then you will hear the wind, "susilull and susilo."
   It answers you where in the world the best girls live.

Text: Karl Williams • *Melody:* Fridolf Lundberg
Literal Translation: Else Sevig

Large numbers of Swedish emigrants came from the province of Småland in southern Sweden, which may in part explain the popularity of this song in Swedish America. From Småland came also the main characters in Vilhelm Moberg's emigrant epic, which was made into two films by Jan Troell— The Emigrants *and* A New Land.

20 ❉ Gubben Noak

Moderato

1. Gubben Noak, Gubben Noak, var en hedersman.
   När han gick ur arken, plantera han på marken
   Mycket vin, ja, mycket vin, ja, detta gjorde han.

2. Noak rodde, Noak rodde, ur sin gamla ark,
   Köpte sig buteljer, sådana man säljer,
   För att dricka, för att dricka, på vår nya park.

3. Han väl visste, han väl visste, att en mänska var,
   Törstig av naturen, som de andra djuren;
   Därför han ock, därför han ock, vin planterat har.

4. Gumman Noak, gumman Noak, var en hedersfru;
   Hon gav man sin dricka; fick jag sådan flicka,
   Gifte jag mig, gifte jag mig, just på stunden nu.

5. Aldrig sad hon, aldrig sad hon: Kära far, nå nå,
   Sätt ifrån dig kruset, Nej, det ena ruset
   På det andra, på det andra, lät hon gubben få.

6. Då var lustigt, då var lustigt, på vår gröna jord,
   Man fick väl till bästa, ingen törstig nästa
   Satt och blängde, satt och blängde, vid ett dukat bord.

7. Inga skålar, inga skålar, gjorde då besvär,
   Då var ej den läran:
   Jag skall ha den äran!
   Nej, i botten, nej, i botten,
   drack man ur så här.

1. Old man Noah, Old man Noah, was the man for me.
   When the flood abated, Noah cultivated
   Many a vineyard, many a vineyard planted 'em did he!

2. Captain Noah, Captain Noah, left his leaky ark,
   Bought himself some bottles, such as thirsty throttles
   Love to purchase, love to purchase in our pleasure park.

3. "What's the reason?, what's the reason?" Noah knew full well.
   Men, like other creatures, all have thirsty natures.
   Which is why he, which is why he would our thirst dispel.

4. Mrs. Noah, Mrs. Noah, was a kind old frau.
   Wine she poured him no end, had I such a girl friend,
   I would marry, I would marry right this minute now.

5. Never stopped him, never stopped him, such a good old soul.
   Never did she chide him, set his glass beside him,
   As he tippled, as he tippled, from a flowing bowl.

6. Life was jolly, life was jolly in those far-off days.
   Then no man did labor, nor some thirsty neighbor
   At the table, at the table sat with envious face.

7. Dreary toasts, no, dreary toasts were not the fashion then.
   "May I drink your health, sir?"
   —"No, sir, spare your wealth, sir!"
   "Bottoms up, yes, bottoms up,
   that's how they drank—like men!"

Text and Melody: Carl Michael Bellman
Singable Translation: Paul Britten Austin and Anne-Charlotte Harvey

21 ❋ Helan går

Andante

Helan* går
sjung hoppfalleri fallerallala,
helan går
sjung hoppfallerallala.
Och den som inte helan tar
han heller inte halvan får.
Helan går!   (one drinks)
Sjung hoppfallerallalej!

Drink a toast,
Sing hop-fiddle diddle diddle dee!
Drink a toast,
Sing hop-fiddle diddle diddle dee!
And when the drink you have is gone,
Then you can get another one.
Drink a toast!   (one drinks)
Sing hop-fiddle diddle diddle dee!

*Helan = first drink of the evening
Halvan = second drink of the evening
Tersen = third drink of the evening
Kvarten = fourth drink of the evening

Text and Melody: Traditional
Singable Translation: Else Sevig

22 ✻ Hälsa dem därhemma

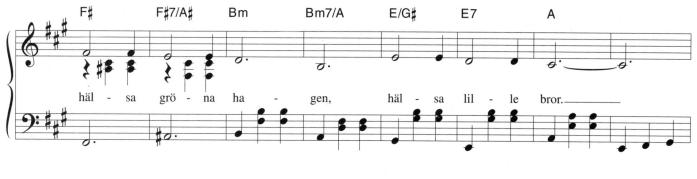

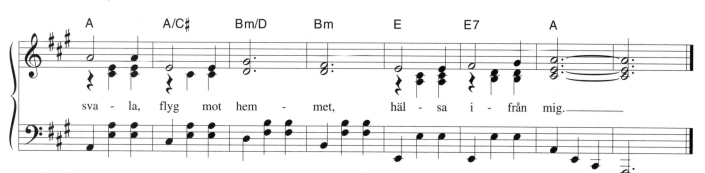

1. I den stora tysta natt
   står jag här vid skeppets ratt,
   under himlens stjärnehär,
   man på post mig satt.
   Efter lång och strävsam dag
   hör jag fjärran vingeslag,
   svalors flock, som åter går
   mot nord, mot ljus, mot vår.

   REFRÄNG:
   Hälsa dem därhemma,
   hälsa far och mor,
   hälsa gröna hagen,
   hälsa lille bror.
   Om jag hade vingar
   flöge jag med dig,
   svala, flyg mot hemmet,
   hälsa ifrån mig.

2. Lilla svala, fastän svag,
   dag och natt och natt och dag
   för dig mot målet fram
   snabba vingeslag.
   Svala, tänk också på mig,
   gärna flöge jag med dig,
   hemma står väl ängen grön,
   O, svala, hör min bön.

1. On the deck I stand at night,
   when the stars above are bright,
   far away from friends and home,
   lonely here I roam.
   Swallows on their wings so high,
   now in spring they homeward fly,
   to the land where sunlight beams
   into my childhood dreams.

   CHORUS:
   Greet my dear old mother,
   greet my father too,
   and my little brother
   when he welcomes you.
   If I had wings to follow,
   happy would I be.
   Dearest little swallow,
   greet them all from me.

2. Little swallow, weak and light,
   night and day and day and night,
   toward your goal your wings so swift
   carry you away.
   Swallow, listen then to me,
   how I'd fly across the sea
   to the meadows green at home,
   oh, swallow, hear my plea.

Text: Ch. Bengtsson • *Melody:* Elith Worsing
Singable Translations: V1: Unknown • V2: Anne-Charlotte Harvey

23 Här är gudagott att vara

Här är gudagott att vara.	It is wonderful to be living.
O, vad livet dock är skönt!	Life is marvelous to behold.
Hör, vad fröjd från fåglars skara,	Flocks of birds are gleefully singing,
se, hur gräset lyser grönt!	Grass is growing, green and bold.
Humlan surrar, fjäriln prålar,	Hear, the bumblebee is buzzing,
lärkan slår i skyn sin drill,	See the butterfly in flight.
och ur nektarfyllda skålar	Out of nectar-filled little petals,
dricka oss små blommor till.	Flowers toast us to our delight.

Text and Melody: Gunnar Wennerberg
Singable Translation: Else Sevig

One of the best-loved songs from Gluntarna *(The Students), Gunnar Wennerberg's song cycle for male voices capturing Uppsala university life in the 1840s. Bellman was another of Wennerberg's inspirations.*

24 Hör, hur västanvinden susar

1. Hör, hur västanvinden susar,
   se, hur härligt vårsol ler.
   Hör hur bäcken ystert brusar,
   inga bojor hålla mer.
   Ser du sippor små, hör du lärkor slå
   sina drillar högt mot himlen blå?
   Ack hur tiden går nu är åter vår:
   Välkommen härliga vår!

2. Alla skogens fåglar sjunga,
   det är liv i dal, på höjd.
   O, så låt oss gamla, unga,
   sjunga vårens lov med fröjd.
   I vår ungdoms vår, ack, hur lätt det går
   stämma upp en sång för nyfödd vår.
   Är hon kulen, grå, det är vår ändå:
   Välkommen härliga vår!

1. Listen to the west wind blowing,
   look at how beautiful the spring sun smiles.
   Listen how the stream is rushing lively,
   bursting all bonds.
   Do you see the little anemonies, do you hear the larks
   sing their song high up in the blue sky?
   Oh how time flies; now it is spring again.
   Welcome, wonderful spring!

2. All the birds of the forest sing—
   there is life in the valley, in the highlands.
   Oh, let us old and the young
   sing spring's praises with joy.
   In the springtime of our youth, how easy it is
   to join in a song for a newborn spring.
   Even if it is chilly and gray, it is still spring.
   Welcome, wonderful spring!

Text and Melody: Aug. Lundh
Literal Translation: Mike Sevig

25 ❄ I Ban a Swede

1. I ban a Swede from North Dakota
   Work on da farm for about two years.
   Tank I shall go to Minnesota
   Take a look at the big State Fair.

2. Buy me a ticket, buy me a bottle,
   Dress me up clean out of sight,
   Yump on Yim Hill's little red wagon,
   Feel so good, I feel for a fight.

3. Waking up the very next morning
   In the city they call St. Paul,
   Yump on de streetcar, go to Minnaplis,
   Think I find some Swede mans dere.

4. I go down to Seven Corners,
   Walk into saloon for fun.
   There I meet a great big Swede girl.
   Slap me on the back, say, "Hello Sven!"

5. I turn around, I feel so funny.
   I ain't seen this girl I think.
   I ban foxy, say, "Hello, Olga,
   Will you come and have a drink?"

6. And we drink and feel so yolly,
   And we start to dance and sing,
   And I say to all the Swede fellers,
   "I gonna pay for the whole blame thing!"

7. Waking up in yale next morning
   By this fellow they call de bull,
   And he says, "Ten days or dollars,
   'Cause you ban so awful full.*"

8. I look around in all my pockets,
   I can't find no money for bail.
   Nothing left for this poor Swede man
   But to spend ten days in yale.

9. I'm going back to North Dakota,
   Get a yob on a farm somewhere;
   And all you people in Minnesota
   Go yump in the lake with your big State Fair!

Text: Traditional
Melody: "Reuben, Reuben"

*full in Swedish means drunk.

One of the most enduring American-written comic songs about the Swedes, this one is firmly anchored in Minnesotas Twin cities, with references to Seven Corners in Minneapolis and the State Fair in St. Paul, as well as to railroad king James Hill. This version was performed by Minneapolis-based Norwegian-American Ernest "Slim Jim" Iversen and his brother Clarence, the "Vagabond Kid."

26 ❄ *I sommarens soliga dagar*

1. I sommarens soliga dagar
   vi gå genom skogar och hagar,
   på färdens besvär ingen klagar.
   Vi sjunga var vi gå. Hallå! Hallå!

1. In summer the sun shines so clearly.
   Through meadow and wood we go cheerily,
   And no one is footsore or weary,
   We sing the livelong day. Hooray! Hooray!

REFRÄNG:
Du, som är ung, kom med och sjung
och sitt ej hemma slö och tung.
Vår sångartropp han gångar opp
på kullens allra högsta topp.
I sommarens soliga dagar
vi sjunga var vi gå. Hallå! Hallå!

2. När vårliga vindarna susa,
när natt liksom dag äro ljusa,
ja, då skola sångerna brusa.
Vi sjunga var vi gå. Hallå! Hallå!

3. Bland mognande skördar som gunga
vi vandra i klunga och sjunga.
De gamla, som hör oss, bli unga.
Vi sjunga var vi gå. Hallå! Hallå!

4. När höstvindar ila så kalla,
när vita små flingorna falla
vid minnet så tralla vi alla.
Vi sjunga var vi gå. Hallå! Hallå!

CHORUS:
You who are young, come join our song.
Don't sit and mope the whole day long,
Our singing troop climbs up and up
Until we reach the mountain top.
In summer the sun shines so clearly,
We sing the livelong day. Hooray! Hooray!

2. When mild winds of springtime are blowing,
When light nights like daytime are glowing,
That's when our songs shall be flowing:
We sing the livelong day. Hooray! Hooray!

3. Through sun-ripened cornfields we're springing
We're walking together and bringing
The old ones that hear us to singing,
Like us whene'er they may: Hooray! Hooray!

4. When cold winds the winter is bringing,
When snowflakes our faces are stinging,
At memories of summer we're singing,
We sing the livelong day. Hooray! Hooray!

© Copyright AB Nordiska Musikförlaget, Danderyd, Sweden. Used by Permission.
Text: G. E. Johansson • *Melody:* Traditional March
Singable Translation: Versions 1 and 4: Noel Wirén
Verses 2 and 3: Anne-Charlotte Harvey

27. Inte skall du fälla en tår

1. Inte skall du fälla en tår på din kind,
   ännu blommar apel, ännu doftar lind.
   Förrän doften svunnit, han kommer igen,
   den som du älskar, din käraste vän.

2. Inte skall du böja ditt huvud så trist,
   ännu sjunga fåglar var morgon på kvist.
   Förrän sången tystnat, han kommer igen,
   den som du älskar, din käraste vän.

3. Inte skall du sucka så djupt och så tungt,
   ännu står ju axet ljusgrönt och ungt.
   Förrän säden mognat, han kommer igen,
   den som du älskar, din käraste vän.

4. Inte skall du gripa i smärta ditt bröst,
   ännu flammar dagen av frostbiten höst.
   Förrän snön har fallit, han kommer igen,
   den som du älskar, din käraste vän.

1. You shouldn't shed a tear on your cheek;
   the apple tree is still blooming, the linden tree is fragrant.
   Before the scent is gone, he will return,
   the one you love, your sweetheart.

2. You shouldn't bow your head so sadly;
   still birds sing each morning on the branches.
   Before the song is silenced, he will return,
   the one you love, your sweetheart.

3. You shouldn't sigh so deeply and so heavily;
   the stalks of grain still stand light green and young.
   Before the grain is ripe, he will return,
   the one you love, your sweetheart.

4. You shouldn't clasp yourself in pain;
   the day is still burning from fall's frostbite.
   Before the snow has fallen, he will return,
   the one you love, your sweetheart.

Text: Margita Liljefors • *Melody:* E. Stam
Literal Translation: Else Sevig

28 ❄ Ja, må han leva

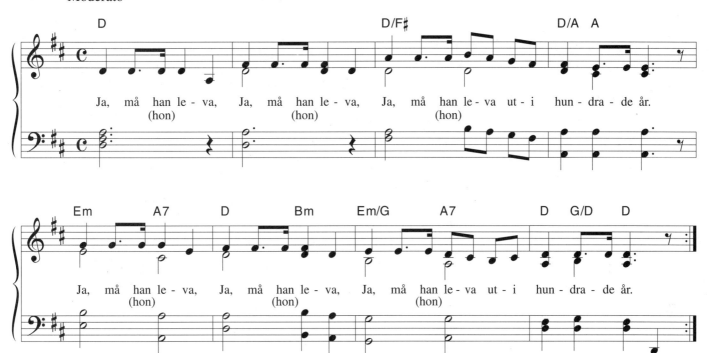

1. Ja, må han (hon) leva, Ja, må han leva,
   Ja, må han (hon) leva uti hundrade år.
   Ja, må han (hon) leva, Ja, må han leva,
   Ja, må han (hon) leva uti hundrade år.

2. Ja, visst ska han (hon) leva, Ja, visst ska han leva,
   Ja, visst ska han (hon) leva uti hundrade år.
   Ja, visst ska han (hon) leva, Ja, visst ska han leva,
   Ja, visst ska han (hon) leva uti hundrade år.

1. Yes, may he (she) live, Yes, may he live,
   Yes, may he (she) live till he's a hundred years old.
   Yes, may he (she) live, Yes, may he live,
   Yes, may he (she) live till he's a hundred years old.

2. Oh sure, he (she) will live, Oh sure, he will live,
   Oh sure, he (she) will live till he's a hundred years old.
   Oh sure, he (she) will live, Oh sure, he will live,
   Oh sure, he (she) will live till he's a hundred years old.

Text and Melody: Traditional
Singable Translation: Else Sevig

This is a song that can be used to celebrate anyone, any time, a sort of cross between "Happy Birthday" and "For He's a Jolly Good Fellow."

29 Jag väntar vid min stockeld

1. Jag väntar vid min stockeld
   medan timmarna skrida,
   medan stjärnorna vandra och nätterna gå.
   Jag väntar på en kvinna från färdvägar vida,
   den käraste, den käraste med ögon blå.

2. Jag tänkte mig en vandrande
   snöhöljd blomma
   och drömde om ett skälvande, gäckande skratt,
   jag trodde jag såg den mest älskade komma
   genom skogen, över hedarna en snötung natt.

3. Glatt ville jag min drömda på händerna bära
   genom snåren dit bort där min koja står,
   och höja ett jublande rop mot den kära:
     "Välkommen du som väntats i ensamma år."

1. I am waiting by my bonfire
   while the hours pass,
   while the stars wander and the nights pass by.
   I am waiting for a woman from far away,
   the dearest, the dearest with blue eyes.

2. I imagined a wandering,
   snow-covered flower
   and dreamed of a trembling, elusive laugh.
   I thought I saw my beloved coming
   through the woods, over the moors on a snowy night.

3. Gladly would I carry my dream girl in my hands,
   through the brushes over to where my cabin is,
   and raise a jubilant cry toward my dear,
     "Welcome you who has been expected through
        lonesome years."

4. Jag väntar vid min mila
   medan timmarna lida
   medan skogarna sjunga och skyarna gå.
   Jag väntar på en vandrande
   från färdvägar vida—
   den käraste, den käraste med ögon blå.

4. I am waiting by my charcoal kiln
   while the hours pass,
   while the woods sing and the clouds drift.
   I am waiting for a wandering woman from
   far away—
   the dearest, the dearest with blue eyes.

Text: Dan Anderson • *Melody:* Gunnar Turesson
Literal Translation: Else Sevig

One of Dan Anderson's romantic songs of the wild from the 1910s, this is about lonely men working in the forest as loggers or keepers of charcoal kilns. These occupations were well known to the early immigrants in Swedish America.

30 Johan på Snippen

1. Nu Johan på Snippen har köpt sej klaver,
   mä åttio basar å fint faner.
   Och nu ä' de' dans varje lörda gu' ger,
   så på bönemöte går nog ingen mer.
   När som Johan tar klavere mellan sina hänner,
   jäntera di skrattar så di visar sina tänner,
   och när han drar uppå bäljen ett drag,
   så blir de' dans intill ljusande dag.

1. Johan on the corner has bought an accordion
   with eighty bass notes and a fine finish.
   And now there's dancing each Saturday, by golly,
   so no one goes to the prayer meetings anymore.
   As Johan takes the accordion in his hands,
   the girls giggle so much they show their teeth,
   and as he pulls out the bellows a bit,
   then there's dancing till next morning.

Alla våra pigor liksom alla våra drängar
känner melodien liksom taktens alla svängar.
Johan han spelar så skjortan blir våt,
lägger sin själ i varenda dragspels låt.

2. Nej, kors! Se bå' farsan å morsan ä me'
di trives nog bäst där de' livat ä'.
Fast gammel en blir när som åra går te
ska' en välan inte va less' för de'.
Dansa de' kan alla
både käringar å gubbar,
så att dammet ryker mella' tuvar, sten å stubbar,
får di en gammel å känd melodram,
dansar di av sej minst ett kilogram.
Gamla Fia stå ej längre si så där å skolka,
killar inte de' i tårna när di spellar polka,
fast du ä' sjutti å ja' sjutti-fem,
så ska vi jazza mä' gammal bonnakläm.

3. Och Bloggarpåpelle å Hackstorpajon,
di kom mä' en väska
direkt från station.
Di har vatt i stan å fått hem sin ranson,
de' syns nog på bena de hörs på ton.
Hoppa flickor, så ni visar hela underkjolen,
dra på bälgen, Johan,
så du trillar unner stolen.
Tjo, ska' du ha dej en stor pilleknark?
Den gör i piglocket stort undervark!
Hadeliå hadeliå haderiderala,
dansen går så dammet står
tess tuppen börjar gala.
Tack ska' du ha för du spela så bra,
så hissar vi Johan! Hurra, Hurra, Hurra!

4. Och nu går vi hem, hör du Lotta kom hit,
så ska ja' dej följa på vägen en bit.
Ä hunn' inte lös går ja' me' änna dit,
i fall ja' får lönen för möda å flit.
Ni som inga flickor ha gå genast hem i snarken,
så att inte ni i morron utav bonn' får sparken
för att ni sover bak stutar å plog,
vi som ha flickor vi klarar oss nog.
Johan uppå Snippen, om du ingenting har för dä,
ställer vi te skräll igen på onsda' eller lörda'.
Ja de' ä' säkert, de' tummar vi på,
ajöken å tack för i kväll, i flickor små.

All our girls, as well as all our boys, know the melody,
just as they know every turn of the beat.
Johan plays so hard his shirt wets with perspiration,
puts his soul into every tune of his accordion.

2. Goodness me! There's Mother and Father, too.
I guess they're happiest where it's lively.
Though you grow old as the years go by,
you certainly shouldn't be sad about it.
They all know how to dance—
both the old women and the old men,
stirring up dust among the hillocks, rocks and stumps,
whenever they hear an old familiar melody, they dance so
they lose at least a couple of pounds.
Old Fia, don't stand on the sidelines out of the action.
Don't your feet just itch to dance when they play a polka?
Although you're seventy and I'm seventy-five,
we'll dance jazz in the old peasant manner.

3. And Bloggarpåpelle and Hackstorpajon,
they are coming with a bag
straight from the railway station.
They've been to town and brought home their quota;
you can tell by their walk, you can tell by their voice.
Jump high, girls, so your slip shows.
Pull on the bellows, Johan,
so you fall off your chair.
Do you want a big drink?
That'll do wonders for the accordion music!
Hadeliå, hadeliå haderiderala,
the dance goes so the dust flies
till the rooster crows.
Thanks for playing so well.
We hoist up Johan—Hurrah, Hurrah, Hurrah!

4. And now we're going home. Say, Lotta, come here
and I'll go part way home with you.
And if the dog isn't loose I'll go the whole way,
in case I get paid for my troubles and pains.
You who have no girlfriends go straight home,
so you don't get fired by the farmer tomorrow
for falling asleep behind the oxen and plow.
We who have girlfriends, we'll manage all right.
Say, Johan, if you aren't busy,
we'll have another bash Wednesday or Saturday.
Oh, that's true, we agree to that,
goodbye and thanks for tonight, you charming girls.

© Copyright EMI Music Publishing Scandinavia AB, Bromma, Sweden.
Used by Permission. *Text:* "Skånska Lasse" Teodor Larsson
Melody: René Gaston Wahlberg • *Literal Translation:* Else Sevig and Anne-Charlotte Harvey

*Wahlberg was an engineer living in Örebro. "Skånska Lasse" was a rural comedian and singer living in Mjölby.
The two never met, yet their combined efforts resulted with the help of revue king Ernst Rolf, who launched
the song in 1924— a perennial favorite in Sweden and Swedish-America. A "snipp" is a snippet of land;
"Johan på Snippen" is a man living on a small, irregular parcel of land. The term was in use in Mjölby.*

31 John Johnson's Wedding

1. Oh, we had a fancy party
   at the hall the other day,
   we had a jolly time
   that's what all the people say,
   when all the Swedes for miles around
   come dressed up in their best
   to Johnny Johnson
   and Cecilie Jensen's wedding.

   There was Charlie Anderson and Emil Anderson
   and Gustaf Anderson and Carl Anderson
   and Per Anderson and Hjalmar Anderson
   and Anders Anderson was there too.

2. Oh, the bride she looked so lovely
   'cause she was dressed in white.
   Her hair was trimmed with roses,
   her face with smiles so bright.
   But when the preacher said,
   "Ya, du er John Johnson's vife,"
   then we all jumped up and sang
   at Johnson's wedding.

   There was Charlie Larson and Emil Larson
   and Gustaf Larson and Carl Larson
   and Per Larson and Hjalmar Larson
   and Lars Larson was there too.

3. We had a lot to eat that night,
   the supper it was fine,
   with *knekkebrød* and *lutefisk,*
   we ate most all the time.
   With *lingen* og så *sylte*
   og *kaffe* og *sukkerbit,*
   ya, that's what we had to eat
   at Johnson's wedding.

   There was Charlie Olson an Emil Olson
   and Gustaf Olson and Carl Olson
   and Per Olson and Hjalmar Olson
   and Ole Olson was there too.

4. Oh, we played a lot of games that night,
   but yee, we sure had fun.
   The girls, they were so yolly,
   I kissed most every one.
   My wife, she took me by the arm,
   said, "That's enough for you."
   Ya, I never will forget
   John Johnson's wedding.

   There was Charlie Swenson and Emil Swenson
   and Gustaf Swenson and Carl Swenson
   and Per Swenson and Hjalmar Swenson
   and Swen Swenson was there too.

5. Oh, we had a case of wiskey,
   we had a keg of beer,
   and when all that was slut,
   we went out and kjøpt some mer.
   The bride, she just drank akevitt,
   but Johnson, he drank beer.
   And the rest of us got _____
   at Johnson's wedding.

   There was Charlie Hanson and Emil Hanson
   and Gustaf Hanson and Carl Hanson
   and Per Hanson and Hjalmar Hanson
   and Hans Hanson was there too.

6. And then next day when we woke up,
   we all was sick in bed.
   We drank for mycke brennvin,
   that's what the people said.
   But everybody keeps talkin',
   "Yee, what a yolly time we had."
   Ya, you bet your life we did
   at Johnson's wedding.

   There was Charlie Erickson and Emil Erickson
   and Gustaf Erickson and Carl Erickson
   and Per Erickson and Hjalmar Erickson
   and Erik Erickson was there too.

Text: Swan Ganderson and Ed. F. Pollock • *Melody:* L. E. West

"Yon Yonson's Vedding," introduced in 1899 in the musical Hans Hanson, *capitalized on the American love for Swedish-dialect comedy in the 1890s and has lived on in Scandinavian America ever since. The specific food references in the song are Norwegian.*

32 ❋ Kostervalsen

1. Kom, i kostervals,
    slå din runda arm om min hals.
    Ja' dej föra får,
    hiohej, va' dä' veftar å går.
    Kostervalsen går,
    lek å smek blir i skrever å snår.
    Ja' ä' din och du ä' min,
    allrakärestan min!

   REFRÄNG:
    Däjeliga mö på Kosterö,
    du, mi' lella rara fästemö.
    Maja lella, hej! Maja lella säj,
    säj, vell du gefta dej?

2. Kom, i kosterbåt,
    nu i natten följas vi åt,
    ut på hav vi gå,
    där som marelden blänker så blå.
    Ja' dej smeka vell,
    där som dyningen lyser som ell'.
    Ja' ä' din och du ä' min,
    allrakärestan min!

1. Come, dance the Koster waltz,
    throw your chubby arm around my neck.
    I will lead you;
    oh my, this is going great.
    The Koster waltz goes,
    They are playful in the cliffs and bushes.
    I am yours, you are mine,
    my dearest sweetheart!

   CHORUS:
    Delightful girl on Koster Island,
    you, my special fiancée.
    Little Maja, hey, little Maja, say,
    say, will you marry me?

2. Come into the Koster boat.
    Now in the night we go together,
    out on the sea we go,
    where the plankton are glimmering so blue.
    I would like to caress you,
    where the ocean glows like fire.
    I am yours, you are mine,
    my dearest sweetheart!

3. Kom i brudstol, kom,
   innan året hunnit gå om.
   Maja, ja' ä' din,
   lella du, som mi' bru' blir du min.
   Maja, då blir ja',
   då blir ja' så sjusjungande gla'.
   Ja' ä' din och du ä' min,
   allrakärestan min!

3. Come and sit in the bride chair
   before the year is over.
   Maja, I am yours;
   you, little one, as my bride, become mine.
   Maja, if I get a yes,
   then I will be as happy as a lark.
   I am yours, you are mine,
   my dearest sweetheart!

© Copyright Abr. Lundquist Musikförlag AB, Stockholm, Sweden. Used by Permission.
Text: Göran Svenning • *Melody:* David Hellström • *Literal Translation:* Else Sevig

This summer dance waltz from Koster Island on Sweden's West Coast is an enduring favorite on both sides of the Atlantic.

33 · Kristallen den fina

1. Kristallen den fina som solen månd' skina
   som stjärnorna blänka i skyn.
   Jag känner en flicka i dygden den fina,
   en flicka i denna här byn.
   —Min vän, min vän och älskogsblomma!
   Ack, om vi kunde tillsammans komma!
   Och jag vore vännen din
   och du allrakärestan min,
   du ädela ros och förgyllande skrin.

2. Och om jag än fore till världenes ända,
   så ropar mitt hjärta till dig.
   Och om jag än fore till världenes ända,
   så ropar mitt hjärta till dig,
   —till dig, min vän och älskogsblomma!
   Ack om vi kunde tillsammans komma!
   Och jag vore vännen din
   och du allrakärestan min,
   du ädela ros och förgyllande skrin.

1. Though crystal shines rarely, like sunlight so clearly,
   like glittering stars in the sky,
   I know of a maiden whose grace shines more fairly,
   a maid in the village nearby.
   To you, my love, my heart's sweet flower,
   Oh would that I were with you at this hour.
   Oh that I might your true love be
   and your troth were plighted to me,
   for roses are comely on fine broidery.

2. And though I should travel to earth's farthest countries,
   my heart would still cry out to you.
   And though I should travel to earth's farthest countries,
   my heart would still cry out to you—
   to you, my love, my heart's sweet flower.
   Oh would that I were with you at this hour.
   Oh that I might your true love be
   and your troth were plighted to me,
   for roses are comely on fine broidery.

Text: Traditional • *Melody:* Swedish Folk Tune
Singable Translation: Noel Wirén

This old dance song from Dalarna was written down by folklorist Richard Dybeck in the mid-19th century.
The slow tempo supposedly reflects the temperament of the people of Dalarna.

34 ❄ *Lilla vackra Anna*

Moderato

1. Lilla, vackra Anna, om du vill,
   höra mig med själ och hjärta till,
   jag är öm och trogen och till kärlek mogen
   tycker om att vara jäv och gill.

2. Minns du hur vi lekte alla dar,
   smekade varann som mor och far,
   redde ler med handen, byggde hus i sanden.
   Ack hur lätt och lustigt livet var.

3. Men den glada tiden snart försvann.
   Jag fick lära tröska och du spann.
   Du gick vall i skogen, och jag körde plogen,
   mera sällan sågo vi varann.

4. Blott när sommarn stod i blomsterkrans,
   och när julen bjöd oss opp till dans,
   kunde vi få råkas, rodna, le och språkas.
   Aldrig någon större glädje fanns.

1. Beautiful little Anna, if you will,
   belong to me with soul and heart.
   I am sensitive and faithful and ready to love
   I like to be noble and good and trustworthy.

2. Do you remember how we played every day,
   hugged each other like mother and father,
   molded clay by hand, built houses in the sand?
   Oh, how delightful life was!

3. But the happy time soon disappeared.
   I got to learn threshing, and you spun.
   You herded cattle in the woods, and I steered the plow.
   More seldom did we see one another.

4. Only when the summer stood in a flower wreath
   and when Christmas gave us a chance to dance
   could we meet, blush, smile, and talk.
   Never was there a greater joy.

5. Lilla Anna, snart flyr dagen bort,
   livet har blott en och den är kort.
   Liksom spån i strömmen,
   som en bild i drömmen,
   hastar mänskan till en bättre ort.

6. Snälla Anna, när Gud skapte dig,
   tänkte han helt visst i nåd på mig.
   Kom att ja mig giva och min maka bliva,
   så skall det bli ljust på livets väg.

7. I en liten stuga skall vi bo,
   leva med varann i fred och ro.
   Lära barnen kära Gud och kungen ära,
   det skall bli så roligt må du tro.

8. Röda kinder, stora ögon blå,
   vackra händer, nätta fötter små.
   Rund och vit om armen, blommig full i barmen.
   Det skall bli nån'ting att titta på.

9. Sist vi följas åt till himmelen,
   råka far och mor på nytt igen,
   bliva åter unga, börja åter sjunga,
   kärleken är livets bästa vän.

5. Little Anna, the day disappears soon.
   Life has only one, and it is short.
   Like a chip in the stream,
   like a picture in the dream,
   people hurry to a better place.

6. Kind Anna, when God created you
   he was surely thinking of me.
   Come and give me yes, and be my mate.
   Then it will be bright on life's path.

7. In a little cottage we shall reside,
   live with each other in peace and quiet,
   teach the dear children to honor God and the king.
   It is going to be so fun, believe me.

8. Red cheeks, big blue eyes,
   beautiful hands, cute little feet,
   round and white arms, arms full of flowers;
   that is going to be something to look at.

9. At last we accompany each other to heaven,
   meet Father and Mother again,
   become young again, begin to sing again.
   Love is life's best friend.

Text and Melody: Traditional
Literal Translation: Mike and Else Sevig and Anne-Charlotte Harvey

35 — Lugn vilar sjön

1. Lugn vilar sjön. Kring berg och dalar
   nu beder natten milt sin arm,
   och fågelns röst ej mera talar,
   :/: han slumrat in vid skogens barm. :/:

2. Lugn vilar sjön. Re'n aftonvinden
   till ro sig lägger ned vid ön.
   Nu blomman blygt sitt huvud sänker;
   :/: hon beder fromt sin aftonbön. :/:

3. Lugn vilar sjön. Så fridsamt vinka
   de ljusa stjärnor från det blå.
   Var tyst, var still, o mänskohjärta!
   :/: Snart även du skal friden få. :/:

1. Still lies the lake deep in the valley.
   The night is offering its rest.
   The little bird deep in the forest,
   :/: he's sleeping safely in its nest. :/:

2. Still lies the lake, still lies the island.
   The evening breeze has settled there.
   The flower bows her head in silence
   :/: and calmly prays her evening prayer. :/:

3. Still lies the lake, the stars are twinkling—
   upon the sky they are at ease.
   And let your heart enjoy the stillness.
   :/: Soon even you will find your peace. :/:

Text and Melody: Heinrich Pfeil
Singable Translation: Else Sevig

36 Min egen lilla sommarvisa

1. Nu ä' dä' sommar, nu ä' dä' sol,
   nu ä' dä' blommer å blader.
   Å granner lyser varenda kjol,
   båd' tös å gosse ä' så glader.
   Nu kan en glömma bå sorg å nö',
   nu kan en sjunga å skratta,
   nu får en träffa sin lilla mö,
   nu får en dansa hela natta'.

REFRÄNG:
   :/: Å hejsan, ja' ä' så innerli't gla'
   så ja' tror ja' kunne springa åsta'
   å kössa tjuge flicker i en ra'
   utan att hämta andan. :/:

2. När spelman kommer å polka' går,
   då blir de' fart uti bena.
   Och blode' bränner å hjärta' slår
   så gruvligt ljuvligt vill ja' mena.
   Då kan en känna va' livet är
   bland granna flecker å blommer.
   Då ska en känna att en ä' kär,
   då kan en känna de' ä' sommer.

REFRÄNG:
   :/: Å hejsan, ja' ä' så innerli't kär
   säj, tösen, får ja' ta dej så här?
   Långt in i skogen ja' dej nu bär
   där bara månen ser oss. :/:

3. När allt ä' stilla å allt ä' tyst
   å skogens blommer de sova.
   Min flickas läppar som nyss ja' kysst
   va' tror ni väl att de mig lova?
   Ja' säjer ej va' de lova mej
   men fråga månen som lyser.
   Han ser ju allt men han skvallrar ej
   han bara ler i mjugg å myser.

REFRÄNG:
   :/: Å hejsan, ja' ä' så innerli't trött
   nu ska vi sova, sova så sött.
   Månen han lyser, lyser så rött
   lyser i sommarnatten. :/:

---

1. Now it is summer, now it is sunny.
   Now there are flowers and leaves,
   and all the skirts are bright,
   and both boys and girls rejoice.
   Now you can forget all your troubles,
   now you can sing and laugh,
   now you can meet your girlfriend,
   now you can dance all night long.

CHORUS:
   Oh yippy! I am so happy and excited
   that I think I could run off
   and kiss twenty girls in a row
   without catching my breath.

2. When the fiddler comes and the polka is played,
   then the legs speed up,
   the blood is burning, and the heart is beating,
   so terribly exciting it is.
   Then you know what life is about
   among girls and flowers.
   Then you know that you are in love,
   then you know it is summer.

CHORUS:
   Oh yippy! I am so happy and excited.
   Say, my girl, can I take you?
   I am taking you deep into the woods
   where only the moon can see us.

3. When everything is still and quiet
   and the flowers in the woods are sleeping,
   my girl's lips that I just have kissed,
   what do you think they promised me?
   I will not tell what they promised me,
   but ask the glowing moon.
   He sees everything, but does not tell.
   He just laughs and winks in secret.

CHORUS:
   Oh yippy! I am so incredibly exhausted.
   Now we will sleep so sweetly.
   The moon, he shines so red,
   lighting up the summer night.

Text: Eric Engstam • *Melody:* Traditional
Literal Translation: Else Sevig

Introduced by Swedish performers Gustav Fonandern and "Bergslagsmor" Lydia Hedberg on their tours of Swedish America in the mid-1920s, this song became a favorite with Olga, the wife of Hjalmar Peterson, "Olle i Skratthult."

37 Nikolina

1. Att vara kär, dä ä en ryslig pina,
   den som försökt dä säger inte nej.
   Jag var så rysligt kär i Nikolina
   å Nikolina lika kär i mej.

2. Om hennes hand ja' bad hos hennes pappa,
   men fick ett svar som ja' ej väntat på.
   Ja' aldrig kommit ut för någon trappa,
   så rysligt hastigt som ja' gjorde då.

3. Då gick ja' hem å skrev te Nikolina
   om hon vill' vara så rysligt snäll
   å möta mej när månen borjar skina
   i ekebacken nästa lördagskväll.

4. Där mötte mej en mörk figur i kappa—
   å månen sken på himlen som en båk.
   Den mötande var Nikolinas pappa,
   beväpnad med en rätt försvarlig påk.

5. Jag blev så rädd, ja darrade i knäna,
   å tog te bena både rädd och skygg,
   men som ja' smög där fram emellan träna,
   lät gubben påken dansa på min rygg.

1. When you're in love, you're in an awful torture;
   whoever's tried it will not disagree.
   I was so very fond of Nikolina,
   and Nikolina just as fond of me.

2. I asked her father for her hand in marriage
   and got the answer in the strangest way.
   I never yet got out on any doorstep
   in such a hurry as I did that day.

3. So I went home and wrote to Nikolina,
   "Oh, Nikolina, won't you meet me soon!
   Please meet me in the woods on Wednesday evening,
   and be there with the rising of the moon."

4. And there I met a figure disconcerting,
   the moon no greater glory could attain.
   The one I met was Nikolina's papa,
   armed with the meanest, most disturbing cane.

5. And then my knees, how they began to tremble.
   I tried to run, but did not have a chance,
   for in the woods, as on my knees I stumbled,
   the cane began to do a polka dance.

6. Då gick ja' hem å skrev te Nikolina:
   "Nu ä dä mä mett hela liv ajö.
   Om du ej bota kan min kärlekspina,
   går ja' å dränker mej i närmsta sjö."

7. Men Nikolina botade min sjuka—
   hon sade: "Käre Olle, tänk dej för.
   Den som sitt liv förkortar ä en kruka,
   du kan väl lugna dej tess gubben dör."

8. Å nu så väntar ja å Nikolina
   att gubben han ska kola vippen av,
   å till ett minne efter honom sättes
   den gamla päken uppå gubbens grav.

6. Then I went home and wrote to Nikolina,
   "There's not the slightest bit of hope in me.
   If you don't end me of this awful torture,
   I'll end it all by jumping in the sea."

7. Then Nikolina answered in a hurry,
   "Oh, darling Karl, don't be so unwise!
   A suicide is nothing but a dumbbell.
   Why don't we wait until the old man dies?"

8. And so I wait, and so does Nikolina,
   to see the old man kick the bucket soon,
   and on his grave we're planting in remembrance
   the cane he used upon me 'neath the moon.

Text and Melody: Traditional
Singable Translation: Unknown

"Olle i Skratthult's" greatest success was recorded at least six times for Victor, Columbia, and other labels, and spread by live performance, in songbooks and in songsheets. The song dates from the turn of the century, and its Swedish origin is not known. This song launched another career in singing; opera star Birgit Nilsson's singing debut was made with "Nikolina" at the age of five!

38 ❋ Nocturne

1. Sov på min arm!
   Natten gömmer
   under sin vinge din blossande kind.
   Lycklig och varm
   snart du drömmer,
   flyr mig i drömmen
   som våg flyr vind.
   Fångas igen.
   Flämtar. Strider.
   Vill inte. Vill.
   Och blir åter kysst.
   Slumra, min vän!
   Natten skrider.
   Kärleken vaktar dig ömt och tyst.

2. Sov på min arm!
   Månens skära
   lyftes ur lundarnas skugga skyggt,
   och på din barm,
   o, min kära,
   täljer dess återglans timmarnas flykt.
   Helig den frid
   hjärtat hyser
   mitt i den virvlande blodstormens larm!
   Slut är din strid.
   Månen lyser.
   Vårnattsvind svalkar dig.
   Sov på min arm!

1. Sleep on my arm!
   The night hides
   under his wing your blushing cheek.
   Happy and warm,
   soon you are dreaming,
   you run away from me in your dream
   like a wave flees wind.
   Captured again.
   Breathes heavily, resists.
   Doesn't want to. Wants to.
   And gets kissed again.
   Sleep, my friend!
   The night is passing.
   Love is watching over you, tenderly and quietly.

2. Sleep on my arm!
   The crescent moon
   is lifted shyly out of the shadow of the groves.
   And on your chest,
   oh my dear,
   the moon's reflected light tells the passage of the hours.
   Holy is the peace
   that is in the heart
   amid the sound of blood moving in your veins.
   Your struggle is over.
   The moon is shining.
   The wind of a spring night refreshes you.
   Sleep on my arm.

© Copyright AB Carl Gehrmans Musikförlag, Stockholm. Used by permission
Text and Melody: Evert Taube • *Literal Translation:* Else Sevig

Lyrical love poetry is one of the strengths of poet and troubadour Evert Taube, whose songs have permeated and enriched the Swedish song heritage.

39 När jag är tio år

Allegro

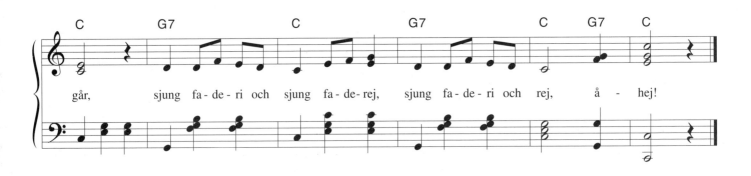

1. När jag är tio år,
   sjung faderi och sjung faderej,
   då jag i skolan går,
   sjung faderi och rej.
   När jag är tio år,
   då jag i skolan går,
   sjung faderi och sjung faderej,
   sjung faderi och rej, å hej!

2. När jag är tjugo år,
   då jag till pojken går.

3. När jag är trettio år,
   då jag till kyrkan går.

4. När jag är förtio år,
   då har jag fyra små.

1. When I am ten or so,
   sing faderi, and sing faderay,
   then off to school I go,
   sing faderi, o ray.
   When I am ten or so,
   then off to school I go,
   sing faderi, and sing faderay,
   sing faderi, o ray! O hey!

2. When I am 2 and 0,
   I to my sweetheart go.

3. Thirty years old or so,
   then off to church I go.

4. Forty years old, oh no!
   Four little kids in tow.

5. När jag är femtio år,
då ej mer våggan går.

6. När jag är sextio år,
då har jag gråa hår.

7. När jag är sjuttio år,
då har jag inga hår.

8. När jag är åttio år,
då jag med kryckor går.

9. När jag är nittio år,
då jag till graven går.

10. När jag är hundra år,
då har jag ängla-hår.

11. När jag är tusen år,
då jag som mumi' står.

12. När jag är tvåtusen år,
då jag som spöke går.

13. När jag är tretusen år,
då jag återuppstår.

5. Fifty—the kids are grown.
Let's hope the cradle's thrown.

6. Sixty I'll reach someday.
Then all my hair is gray.

7. Seventy, when I'm there,
I won't have any hair.

8. Eighty years old am I,
Crutches will get me by.

9. And at my big 9-0,
then to the grave I go.

10. Hundred years old and dead,
Angel hair on my head.

11. When I'm a thousand years,
I wear my mummy gear.

12. Two thousand years or so,
then as a ghost I go.

13. Three thousand years and then,
Time to get up again.

Text and Melody: Traditional
Singable Translation: Mike and Else Sevig

An equivalent in song of the "Ages of Man" motif found in Shakespeare as well as in folk art since the Middle Ages.

40 Och jungfrun hon går i dansen

1. :/:Och jungfrun hon går i dansen
   med röda gullband. :/:
   :/: Dem binder hon om
   sin kärastes arm.:/:

2. :/: Och kära min lilla flicka
   knyt inte så hårt.:/:
   :/: Jag ämnar ej
   att rymma bort. :/:

3. :/: Och jungfrun hon går och lossar
   på röda gullband. :/:
   :/: Så hastigt den gossen
   åt skogen försvann. :/:

1. :/: And the maiden is dancing
   with red, golden ribbons. :/:
   :/: She ties them around
   her sweetheart's arm. :/:

2. :/: Oh, my dear little girl,
   don't tie them so tightly.:/:
   :/: I don't intend
   to run away. :/:

3. :/: And the girl loosens
   the red, golden ribbons. :/:
   :/: With haste the boy ran
   into the woods. :/:

4. :/: Då sköto de efter honom
   med femton gevär. :/:
   :/: Och vill du mig något
   så har du mig här. :/:

5. :/: Och nu har jag blivit gifter,
   nu har jag fått man, :/:
   :/: den vackraste gossen
   i hela vårt land. :/:

4. :/: They hunted for him
   with fifteen guns. :/:
   :/: And if you want to find me,
   here I am. :/:

5. :/: And now I have gotten married,
   now I have a husband, :/:
   :/: the most handsome guy
   in our whole country. :/:

Text: Traditional • *Melody:* Swedish Folk Tune
Literal Translation: Else Sevig

"Och jungfrun hon går i dansen" is a traditional song dance for circle dancing.

41 Skada att Amer'ka

1. Bröder, vi ha långt att gå
   över salta vatten,
   och så finns Amer'ka
   invid andra stranden.

   REFRÄNG:
   Inte är det möjeligt?
   Ack jo, det är så fröjdeligt!
   Skada att Amer'ka, skada att Amer'ka
   ligga skall så långt ifrån.

2. Träden, som på marken stå,
   söta är som socker,
   landet är av flickor fullt,
   däjeliga dockor.

1. Brothers, we have far to go
   over salty waters,
   then we'll find America
   on the other shore.

   CHORUS:
   That is hardly possible?
   Oh yes, it's gladly possible!
   Pity that America, pity that America
   should lie so far away!

2. And the trees that grow out there
   are as sweet as sugar,
   all the country's full of girls,
   beautiful as dolls.

3. Önskar man sig en av dem,
   får man strax en fyra, fem,
   ut' på mark och ängar
   växser engelska pengar.

4. Höns och änder regna ner,
   stekta gäss och ännu fler
   flyga in på bordet,
   med kniven uti låret.

5. Solen, den går aldrig ner,
   släkt är varje män'ska
   Här är munterhet och sång,
   källare full champanje.

3. If you wish for one of them,
   right away there's four or five.
   Out in fields and meadows
   English money grows!

4. Ducks and chickens fall like rain,
   roasted geese and many more
   fly in on the table,
   a knife stuck in their drumstick.

5. And the sun, it never sets,
   everyone's related
   Here is gaiety and song,
   cellars with champagne brimming.

Text: Hans Christian Anderson • *Melody:* C. F. Weyse
Literal Translation: Anne-Charlotte Harvey

Originally written in 1836 by Hans Christian Andersen for a play with music called The Feast at Kenilsworth, *this song has been considerably altered in Danish and Swedish tradition and is today regarded as an "emigrant ballad." The remarkable features of the song are in part based on fact; the trees "as sweet as sugar" are sugar maples.*

42 Sommarvandring

1. Röda stugor tåga vi förbi.
   Glatt kring nejden hörs vår melodi.
   Ljusa björkar, sommarhimmel fri
   hägnar den jublande färden.
   Sången klingar. Hör vår muntra låt,
   allt är glädje, må vi följas åt!
   Solen lyser, och på vandringsstråt
   dra vi med sång genom världen.

2. Blanka sjöar skymta där vi gå,
   gröna hagar sommarfagra stå.
   Bergen locka, lysande och blå,
   långt bortom skogsklädda kullar.
   Genom höga stammars pelarhall
   svävar ekot av vår glada trall.
   Ungdomsfriska toners jubelsvall
   hän över åsarna rullar.

3. Långt från bygdens trängsel, rök och stoft
   gå vi ut till sol och barrskogsdoft.
   Under ljusa sommarskyars loft
   vildmarken lever och blommar.
   Fyll din själ med sommarlandets ro!
   Drag hit ut från trångt och unket bo!
   Vinden sjunger över milsvid mo
   sången om ungdom och sommar.

1. We pass red cottages.
   Our melody resounds joyfully throughout the neighborhood.
   White birch trees, open summer sky,
   surround the jubilant hike.
   The song resounds. Listen to our happy tune.
   Everything is joyful, let us rejoice!
   The sun is shining, and on our way
   we walk through the world with song.

2. Crystal-clear lakes are shining where we go,
   green meadows, lovely and summery.
   The mountains are beckoning, glowing and blue,
   far beyond the tree-covered hills.
   Through the pillar-like tree trunks
   resounds the echo of our happy tune.
   Bright, youthful sounds are heard
   moving over the mountain ridges.

3. Far from the rush and smoke of the village
   we head out to the sun and the smell of evergreens.
   Under the light air of the summer clouds
   the wilderness is alive and blooming.
   Fill your soul with the peace of the summerland.
   Come out here from your cramped living quarters.
   The wind is singing over the mile-wide moor,
   the song about youth and summer.

Text: A. Fryxell and F. A. Dahlgren • *Melody:* Folk Tune from Ostergötland
Literal Translation: Else Sevig

43 Så skimrande var aldrig havet

Så skimrande var aldrig havet	The sea never shimmered like this
Och stranden aldrig så befriande,	And the beach never seemed more liberating,
Fälten, ängarna och träden aldrig så vackra	The fields, meadows, and trees never seemed more beautiful
Och blommorna aldrig så ljuvligt doftande,	And the flowers never smelled so sweet,
Som när du gick vid min sida	As when you walked by my side
Mot solnedgången, aftonen den underbara,	Toward sunset, that wonderful evening,
Då dina lockar dolde mig för världen	When your curly locks hid me from the world,
Medan du dränkte alla mina sorger,	While you drowned all my sorrows,
Älskling, i din första kyss.	Darling, with your first kiss.

© Copyright Reuter & Reuter Förlags AB, Bromma, Sweden. Used by Permission.
Text and Melody: Evert Taube • *Literal Translation:* Birgitte Grimstad

44 — Tre trallande jäntor

1. Där gingo tre jäntor i solen
   på vägen vid Lindane Le,
   de svängde, de svepte med kjolen,
   de trallade alla de tre.
   Tra la la la la, tra la la la la la,
   tra la la la la la la la la la,
   tra la la la la, tra la la la la la,
   tra la la la la la la la la.

2. Och gingo i takt som soldater
   och sedan så valsade de,
   och "Udden är så later"
   de trallade, alla de tre.

3. Men när som de kommo till kröken
   av vägen vid Lindane Le,
   de ropade alla: "Hör göken!"
   S'en skvätte och tystnade de.

1. Three girls in the sunshine were singing
   and walking to Lindane Lea.
   The skirts of their dresses were swinging.
   They sang as they marched, all the three.
   Tra la la la la, tra la la la la la,
   tra la la la la la la la la la,
   tra la la la la, tra la la la la la,
   tra la la la la la la la la.

2. They marched like a band during halftime,
   and then they would waltz down the lea.
   And "Johnny is not worth a half-dime,"
   they sang as they danced, all the three.

3. But as 'round the bend they were singing,
   while walking to Lindane Lea,
   they yelled, "Hear the cuckoo bird singing"
   and startled they listened with glee.

4. Och tego så tyst som de döda
   och rodnade, alla de tre.
   Men varföre blevo de röda
   och varföre tystnade de?

Jo!

5. Det stod tre studenter vid kröken
   och flinade, alla de tre,
   och härmde och skreko: "Hör göken!"
   och alla så trallade de.

4. Then suddenly ended the singing,
   and red as a beet turned all three.
   But why did they all turn so quiet?
   What could the embarrassment be?

Well!

5. Surprise, round the bend they heard laughter.
   Three students were grinning with glee.
   They mimicked the girls they were after,
   asinging were all of the three.

Text: Gustaf Fröding • *Melody:* Felix Körling
Singable Translation: Else Sevig

Värmland poet Gustaf Fröding has written the lyrics for many of Sweden's most popular songs, like this one about the three girls and the three [graduate] students.

45 Uti vår hage

1. Uti vår hage där växa blå bär.
   Kom hjärtans fröjd!
   Vill du mig något så träffas vi där.

   REFRÄNG:
   Kom liljor och akvileja,
   kom rosor och salivia!
   Kom ljuva krusmynta,
   kom hjärtans fröjd!

2. Fagra små blommor där bjuda till dans.
   Kom hjärtans fröjd!
   Vill du, så binder jag åt dig en krans.

3. Kransen den sätter jag sen i ditt hår.
   Kom hjärtans fröjd!
   Solen den dalar, men hoppet uppgår.

1. Out in our meadow grow blueberries sweet.
   My heart's delight.
   If you desire then there we will meet.

   CHORUS:
   Come, shy columbine and lily,
   come, lavender, sage and roses,
   come, mint with your fragrance,
   my heart's delight.

2. Beautiful flowers will dance for your sake.
   My heart's delight.
   If you desire, a wreath I will make.

3. Look, I am placing the wreath in your hair.
   My heart's delight.
   Hope is arising at sunset, my dear!

Text: Traditional • *Melody:* Swedish Folk Tune
Singable Translation: Anne-Charlotte Harvey and Else Sevig

46 ※ *Vem kan segla förutan vind?*

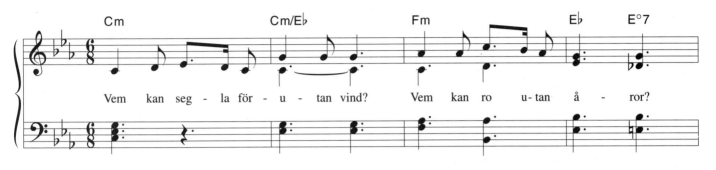

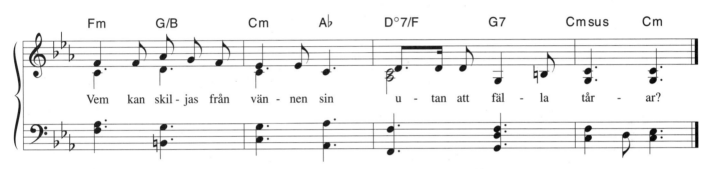

1. Vem kan segla förutan vind?
   Vem kan ro utan åror?
   Vem kan skiljas från vännen sin
   utan att fälla tårar?

2. Jag kan segla förutan vind,
   jag kan ro utan åror.
   Men ej skiljas från vännen min
   utan att fälla tårar.

1. Who can sail without a wind?
   Who can row without oars?
   Who can part from his dearest love
   without shedding bitter tears?

2. I can sail without a wind,
   I can row without oars.
   But not part from my dearest love
   without shedding bitter tears.

© Copyright Abr. Lundquist Musikförlag AB, Stockholm, Sweden. Used by Permission.
Text: Traditional • *Melody:* Swedish Folk Tune • *Singable Translation:* Gracia Grindahl and Anne-Charlotte Harvey

47 ※ Vi gå över daggstänkta berg

1. Vi gå över daggstänkta berg, fallera,
   som lånat av smaragderna sin färg, fallera,
   :/: Men sorger ha vi inga,
   våra glada visor klinga
   när vi gå över daggstänkta berg, fallera. :/:

2. De väldiga skogarnas sus, fallera,
   gå mäktiga som orgeltoners brus, fallera,
   :/: och livets vardagsträta
   så lätt det är förgäta
   vid de väldiga skogarnas sus, fallera. :/:

1. We hike over dew-splashed mountains,
   that borrow their color from emeralds.
   :/: But we have no sorrows;
   our happy songs resound
   when we hike over dew-splashed mountains. :/:

2. The sound from the vast forests
   sounds like organ music,
   :/: and the strife of every day
   is easily forgotten
   by the sound of the immense forest. :/:

3. De gamla, de kloka må le, fallera,
   vi äro ej förståndiga som de, fallera.
   :/: Ty vem skulle sjunga
   om våren den unga,
   om vi vore kloka som de, fallera? :/:

4. I mänskor, förglömmen er gråt, fallera,
   och kommen och följen oss åt, fallera,
   :/: Se, fjärran vi gånga
   att solskenet fånga.
   Ja, kommen och följen oss åt, fallera. :/:

5. Så gladeligt hand uti hand, fallera,
   nu gå vi till fågel Fenix land, fallera,
   :/: till det sagoland, som skiner
   av smaragder och rubiner,
   nu gå vi till fågel Fenix land, fallera. :/:

3. The old and the wise may laugh;
   we are not as smart as they are.
   :/: 'Cause who should then sing
   about the new spring,
   if we were as smart as they? :/:

4. You people, forget your crying
   and come and follow us.
   :/: See, we are going far
   to catch the sunshine.
   Yes, come and follow us! :/:

5. So, happily hand-in-hand
   we now head to the land of the Phoenix bird,
   :/: to the saga land that shines
   of emeralds and rubies.
   We now head to the land of the Phoenix bird. :/:

© Copyright Abr. Lundquist Musikförlag AB, Stockholm, Sweden. Used by Permission.
Text: Olof Thunman • *Melody:* Edwin Ericsson • *Literal Translation:* Else Sevig

1. Vila vid denna källa!
   Vår lilla frukost vi framställa:
   Rött vin med pimpinella
   och en nyss skjuten beckasin.
   Klang, vad buteljer, Ulla,
   i våra korgar, överstfulla,
   tömda i gräset rulla—och känn,
   vad ångan dunstar fin!

   REFRÄNG:
   Ditt middags-vin
   sku vi ur krusen hälla
   med glättig min.
   Vila vid denna källa,
   hör våra valthorns klang, kusin,
   valthornens klang, kusin.

2. Himmel, vad denna runden,
   av friska lövträn sammanbunden,
   vidgar en plan i lunden
   med strödda gångar och behag.
   Ljuvligt där löven susa,
   i svarta virvlar grå och ljusa,
   träden en skugga krusa
   inunder skyars fläkt och drag.

   REFRÄNG:
   Tag, Ulla, tag
   vid denna måltidsstunden
   ditt glas som jag!
   Himmel, vad denna runden
   bepryds av blommor tusen slag,
   av blommor tusen slag!

1. Here by this spring reclining,
   Our preparations make for dining;
   Red wine with pimpinella
   And a plump snip our fare shall be.
   Clang! Ulla what a chinking
   The empty bottles set aclinking,
   Where in the grass they're winking,
   Their fumes distill most pleasantly.

   CHORUS:
   Thy wine crock, we
   will empty now, my Ulla,
   right merrily.
   Here, by this spring reclining,
   Hark, coz, the horn sounds tunefully,
   The horn sounds tunefully.

2. Heaven, this leafy bower,
   Enwreath'd of ev'ry tree and flower,
   Offers the eye a dower
   Of pleasant paths and gravell'd ways.
   Softly the leaves are sighing,
   Their darkling shadows whirling, flying,
   Each leaf to each replying,
   Where o'er a bough the zephyr plays.

   CHORUS:
   Raise, Ulla, raise
   Thy glass this festive hour
   To all our days!
   Heaven, this leafy bower
   Its blooms a thousandfold displays,
   a thousand blooms displays!

Text and Melody: Carl Michael Bellman
Singable Translation: Noel Wirén

49. Vägarna de skrida

1. Vägarna de skrida, älvarna de glida,
   vindarna de rida, högt på löddrig sky.
   Skogarna de gånga stora steg och långa,
   åsarna de draga långt från bygd och by.
   Högst av alla vandrar solen själv,
   kom och låt oss följa sol och vind och älv!

2. Stackars de som sitta i en vrå och titta
   rakt emot en vägg och ingen solglimt få!
   Stackars de som ligga längtande och tigga
   bara lite luft och lite himmel blå.
   Lyckliga vi fria vandringsmän,
   glatt vi gå och komma gladare igen!

3. Upp i fjällen gå vi, blåa höjder nå vi,
   vinden blåser bort all dalens rök och damm.
   Vidderna de tiga, klintarna de stiga,
   djupt i djupet under oss dra molnen fram.
   Vandra vi i dalen ner igen,
   fjällets friska vind han dansar kring oss än.

1. The roads are wandering, the rivers are flowing,
   the winds are riding high on the clouds.
   The woods are walking, big and long steps.
   The hills are moving from village and town.
   Highest of all is wandering the sun itself.
   Come and let us follow sun and wind and river!

2. Poor people who are sitting in a corner staring
   straight at a wall and see no sunlight!
   Poor people who are in bed, longing and begging for
   fresh air and a little blue sky.
   We free wanderers are lucky,
   happy we go and happier we return!

3. Up to the mountains we go, blue heights we reach,
   the wind blows away all the smoke from the valley,
   the mountains are silent, the bluffs are rising,
   deep below us the clouds are moving along.
   If we wander down into the valley again,
   the fresh mountain wind is still dancing around us.

Text: K. E. Forsslund • *Melody:* Folk Tune
Literal Translation: Else Sevig. Used by Permission

50 ❄ Å jänta å ja'

1. Å jänta å ja', å jänta å ja',
   allt uppå landavägen, å ja',
   Å jänta å ja', å jänta å ja',
   allt uppå landavägen.

   Där mötte ho' mej en morgon så klar,
   då sola ho' sken på himmelen så rar,
   å vacker som ljusa dagen ho' var,
   Mitt hjärta, vart tog dä vägen?

1. Good morning, said he. Good morning, said she,
   That's how they met one day—she and he.
   Good morning, said he. Good morning, said she,
   Eyes like the stars in heaven.

   Her smile was so bright, her step was so light.
   His heart skipped a beat, went straight to his feet.
   For never he'd thought that he would ever meet
   A maiden so fair and pretty.

2. Å jänta å ja', å jänta å ja',
    allt på midsommersvaka, å ja',
    Å jänta å ja', å jänta å ja',
    allt på midsommersvaka.

   Där råka vi varann' med fräsande fröjd,
    å allri nånsin har ja' känt mej så nöjd,
    Ja' kasta mine ben i himmelens höjd,
    Å hoppa över alle taka.

3. Å jänta å ja', å jänta å ja',
    allt uti gröna lunden, å ja',
    Å jänta å ja', å jänta å ja',
    allt uti gröna lunden.

   Där stal ja' mej en köss så rosenderöd,
    å talte om för henne hela mi' nöd
    å frågte, om ho' ville dela mitt bröd,
    Å ho' svarte ja på stunden.

4. Å jänta å ja', å jänta å ja',
    allt i Ransäters körka, å ja',
    å jänta å ja', å jänta å ja',
    allt i Ransäters körka.

   Där stodo vi nu vid altaret just
    å lovade tro i nöd å i lust
    å allt till den allra sistaste pust
    så troget varandra dörka.

2. Come dancing, said he. I'd like to, said she.
    Dancing they went together, she and he.
    'Twas midsummer ever, and if you believe,
    That's when you find your true love.

   He kissed her this eve when sun was still bright,
    the one day that never turns into night.
    He kissed her again—this maiden so fair,
    this maiden so fair and pretty.

3. I love you, said he. I love you, said she.
    Knew that it meant forever, she and he.
    They married next day, and promised to stay
    happy in joy and sorrow.

   That midsummer eve when sun was still bright,
    the one day that never turns into night,
    he danced with his bride, his true love so fair,
    his true love so fair and pretty.

4. The maiden and I, the maiden and I,
    went to Ransäters chapel, and I
    The maiden and I, the maiden and I,
    went to Ransäters chapel.

   In front of the altar there, face to face
    we promised our truthfulness in all our ways.
    As long as we live, we will, by God's grace
    be faithful to one another.

Text: F. A. Dahlgren • *Melody:* Swedish Folk Tune
Singable Translation: Signe Hasso

51 ❋ Änglamarken

Kalla den Änglamarken	Call it an Edengarden
eller Himlajorden om du vill,	or the Land of Promise if you please,
jorden vi ärvde och lunden den gröna,	our good Mother Earth with lakes and green valleys,
vildrosor och blåsippor	Rosebuds and bluebells
och lindblommor och kamomill,	and daisies dipping in the breeze,
låt dem få leva, de är ju så sköna!	let Nature nurture them, they are so lovely!
Låt barnen dansa som änglar kring lönn och alm,	Let children frolic like angels upon the green,
leka tittut mellan blommande grenar,	play hide and seek as the birch branches quiver.
låt fåglar leva och sjunga för oss sin psalm,	Let birds and bees swarm, performing in the ravine,
låt fiskar simma kring bryggor och stenar!	let all the fish swim and spawn in the river.
Sluta att utrota skogarnas alla djur!	Let deer and foxes roam free, let the eagles soar,
Låt örnen flyga, låt rådjuren löpa!	end the extinction of innocent creatures!
Låt sista älven som brusar i vår natur	Let mountain rivers run clean and forever roar
brusa alltjämt mellan fjällar och gran och fur!	down through wild forests and fields to the open shore.
Kalla den Änglamarken	Call it an Edengarden
eller Himlajorden om du vill,	or the Land of Promise if you please,
jorden vi ärvde och lunden den gröna,	our good Mother Earth with lakes and green valleys,
vildrosor och blåsippor	rosebuds and bluebells
och lindblommor och kamomill,	and daisies dipping in the breeze,
låt dem få leva, de är ju så sköna!	let Nature nurture them, they are so lovely!

© Copyright Reuter & Reuter Förlags AB, Bromma, Sweden. Used by Permission.
Text and Melody: Evert Taube • *Singable Translation:* Roger Hinchliffe

*A lyrical and impassioned plea for protecting the earth and the environment,
this is one of Evert Taube's later and best loved songs.*

Children's Songs

52 ❄ Bä, bä, vita lamm

Moderato

Bä, bä, vi-ta lamm, har du nå-gon ull? Ja, ja, kä-ra barn, jag har säc-ken full.
Helg-dags-rock åt far och sön-dags-kjol åt mor och två par strum-por åt lil-le, lil-le bror.

Bä, bä, vita lamm, har du någon ull?
Ja, ja, kära barn, jag har säcken full.
Helgdagsrock åt far
och söndagskjol åt mor
och två par strumpor åt lille, lille bror.

Baa, baa, white lamb, have you any wool?
Yes, yes, dear child, I have a sack full.
A dress coat for father
and a Sunday skirt for mother
and two pairs of socks for little, little brother.

Text: Traditional • *Melody:* Alice Tegnér
Literal Translation: Else Sevig

Alice Tegnér wrote a wealth of children's songs, "Bä, bä vita lamm" is one of the best loved of them all.
This one is based on the English nursery rhyme "Baa, Baa, Black Sheep."

53 ❋ *Du tycker du är vacker*

Du tycker du är vacker
men det tycker inte jag!
Du tycker du är vacker,
men det tycker inte jag!
:/: Och ängen var grön,
och flickan var skön,
kom och valsa med mig,
jag tycker om dig. :/:

You think you are beautiful,
but I don't think so.
You think you are beautiful,
but I don't think so.
:/: And the meadow was green,
and the girl was beautiful.
Come and waltz with me,
I like you! :/:

Text and Melody: Traditional
Literal Translation: Else Sevig

54 ❋ Gud, som haver barnen kär

Gud, som haver barnen kär,
se till mig, som liten är.
Vart jag mig i världen vänder,
står min lycka i Guds händer.
Lyckan kommer, lyckan går.
Den Gud älskar lyckan får.

God who loves the children,
watch over me who is little.
Wherever I go in the world,
my happiness is in God's hands.
Happiness comes, happiness goes.
Whoever loves God finds happiness.

Text: Traditional • *Melody:* Alice Tegnér
Literal Translation: Else Sevig

Traditional children's evening prayer, set to music by Alice Tegnér.

55 ❄ Karusellen

1. Jungfru, jungfru, jungfru, jungfru skär,
   här är karusellen, som skall gå till kvällen.
   Tio för de stora och fem för de små.
   Skynda på, skynda på, nu skall karusellen gå!

   REFRÄNG:
   :/: För ha ha ha, nu går det så bra
   för Andersson och Pettersson
   och Lundström å ja'! :/:

1. Maiden, maiden, maiden, maiden pure,
   here's the carousel which will go until evening.
   Ten for the big ones, and five for the small.
   Hurry up, hurry up, now the carousel is off!

   CHORUS:
   :/: For he-he-he, it's fun as can be,
   for Andersson and Pettersson
   and Lundström and me! :/:

Used around the Christmas tree or Maypole.

Text and Melody: Traditional
Literal Translation: Anne-Charlotte Harvey

56 Klara solen

1. Klara solen på himmelen den lyser,
   Klara solen på himmelen den lyser,
   och friska vattnet i klara källan, det fryser,
   och friska vattnet i klara källan, det fryser.

2. Kom, kom, min lilla vän, ska vi dansa.
   Kom, kom, min lilla vän, ska vi dansa.
   Och efter kommer prästen,
   efter kommer prästen
   med sin långa svarta kappa,
   och efter kommer prästen,
   efter kommer prästen
   med sin långa svarta kappa.

3. Jag ska' er båda två sammanviga.
   Jag ska' er båda två sammanviga.
   Och du ska' heta far
   och du ska' heta mor
   och du vår lilla nätta piga.
   Och du ska' heta far
   och du ska' heta mor
   och du vår lilla nätta piga.

1. The bright sun is shining in the sky,
   the bright sun is shining in the sky,
   and the fresh water, in the clear well, freezes,
   and the fresh water, in the clear well, freezes.

2. Come, come, my little friend, let's dance.
   Come, come, my little friend, let's dance.
   And after us the pastor comes.
   After us, the pastor comes
   with his long black robe,
   and after us the pastor comes.
   After us, the pastor comes
   with his long black robe.

3. I will marry the two of you,
   I will marry the two of you.
   And you will be dad
   and you will be mom
   and you our pretty little maid.
   And you will be dad
   and you will be mom
   and you our pretty little maid.

Text and Melody: Traditional
Literal Translation: Mike Sevig

This traditional dance game, for circle dancing, portrays courtship and marriage.

1. Månen lyser över stan
och du sover, gullebarn,
med din lilla trähäst röd.
Tänk om alla andra små,
som på denna jorden gå,
ägde samma mjuka ro.

REFRÄNG:
   Du Lasse, Lasse liten, världen är så stor,
   mycket, mycket större än du kunde tro.
   Men himlen är så liten, käre lille bror,
   där finns ej så många änglar som du tror.
   Se molnen hur de jaga, dem griper ingen hand,
   blott Lasses lyckosaga tar vägen dit ibland.
   Du Lasse, Lasse liten, världen är så stor,
   mycket, mycket större än du nån'sin kunde tro.

2. Lyckan som du har, min vän,
kommer aldrig mer igen
med din lilla trähäst röd.
Dagen kommer, natten går,
tiden aldrig stilla står.
Snart nog är du vorden stor.

1. The moon shines over the city
and you are sleeping, my cherished child,
with your little red wooden horse.
I wish all the other little ones
there are on this earth
would be as peaceful as you.

CHORUS:
   Little Lasse, the world is so big—
   much, much larger than you could imagine.
   But heaven is so little, dear little brother,
   there are not as many angels there as you think.
   The clouds are rushing—no one can grasp them,
   only Lasse's happy fairy tale takes you there.
   Little Lasse, the world is so big—
   much, much larger than you could imagine.

2. The happiness you have, my friend,
will never come again,
with your little red wooden horse.
The days come, the nights pass by,
time never stands still.
Soon enough you will be grownup.

Text and Melody: Lille-Bror Söderlund • *Literal Translation:* Else Sevig
© Copyright AB Nordiska Musikförlaget.
Used by Permission of Ehrlingförlagen AB, Stockholm, Sweden.

58 ❄ *Rida, rida ranka*

1. Rida, rida ranka, hästen heter Blanka.
   Liten riddare så rar
   ännu inga sporrar har.
   När du dem har vunnit
   barndomsro försvunnit.

2. Rida, rida ranka, hästen heter Blanka.
   Liten pilt med ögon blå,
   kungakronor skall han få.
   När du dem har vunnit
   ungdomsro försvunnit.

3. Rida, rida ranka, hästen heter Blanka.
   Andra famntag än av mor,
   fröjda dig, när du blir stor.
   När du dem har vunnit
   mandomsro försvunnit.

1. Rida, rida ranka, the horse is called Blanka.
   Little knight so sweet
   still has no spurs.
   When you have won them,
   the peace of childhood has disappeared.

2. Rida, rida ranka, the horse is called Blanka.
   Little lad with eyes of blue,
   royal crowns he shall receive.
   When you have won them,
   the peace of youth has disappeared

3. Rida, rida ranka, the horse is called Blanka.
   Other hugs than mother's
   will give you joy when you grow up.
   When you have won them,
   the peace of manhood has disappeared.

Text and Melody: Eugene Ekenberg
Literal Translation: Mike Sevig

Popular in late 19th-century Sweden and Swedish America, "Rida, rida ranka" is about Queen Blanche (Blanka) of Namur, who sang to her little son while daudling him on her knee. He grew up to be the famous King Håkan.

REFRÄNG:
　Ritsch, ratsch, filibom bom bom,
　　filibom bom bom, filibom bom bom!
　　Ritsch, ratsch, filibom bom bom,
　　filibom bom bom, filibom!

Fru Söderström, fru Söderström,
　　fru Söderström,
　　fru Söderström, och lilla mamsell Ros.
　　De tvätta sej i sjöavatten,
　　sjöavatten, sjöavatten,
　　tvätta sej i sjöavatten, sjöavatten klart.

REFRÄNG:
　　Ritsch, ratsch, filibom bom bom,
　　filibom bom bom, filibom bom bom!
　　Ritsch, ratsch, filibom bom bom,
　　filibom bom bom, filibom!

Fru Söderström, fru Söderström,
　　fru Söderström,
　　fru Söderström, och lilla mamsell Ros.
　　Ge oss lite sodavatten,
　　sodavatten, sodavatten,
　　ge oss lite sodavatten, sodavatten punsch!

CHORUS:
　　Ritsch, ratsch, filibom bom bom,
　　filibom bom bom, filibom bom bom!
　　Ritsch, ratsch, filibom bom bom,
　　filibom bom bom, filibom!

Mrs. Söderström, Mrs. Söderström,
　　Mrs. Söderström,
　　Mrs. Söderström and little Miss Rose.
　　They washed themselves in lake water,
　　lake water, lake water,
　　washed themselves in lake water, lake water pure.

CHORUS:
　　Ritsch, ratsch, filibom bom bom,
　　filibom bom bom, filibom bom bom!
　　Ritsch, ratsch, filibom bom bom,
　　filibom bom bom, filibom!

Mrs. Söderström, Mrs. Söderström,
　　Mrs. Söderström,
　　Mrs. Söderström and little Miss Rose.
　　Please give us some soda water,
　　soda water, soda water,
　　please give us some soda water, soda water punch.

Text and Melody: Traditional
Literal Translation: Else Sevig

"Ritsch, ratsch, filibom!" is a traditional dance game for circle dance in polka rhythm, dating from the middle of the 19th century.

60 Skära, skära havre

Skära, skära havre, vem ska havren binda?	Cut, cut the oats, who will bind the oats?
Jo, det ska allra kärasten min,	Yes, that will be done by my sweetheart,
var skall jag honom finna?	where shall I find him?
Jag såg en i går afton uti det klara månesken.	I saw him last night out in the clear moonshine.
När var tar sin, så tar jag min,	When you take yours, I will take mine
och så blir trollet utan.	and the troll will have no one.
Och det var rätt, och det var rätt,	And that was right, and that was right,
och det var rätt och lagom,	and that was exactly right,
att trollet fick i ringen gå,	that the troll stood in the middle of the circle.
för ingen ville ha 'nom.	'cause no one wanted him.
Fy skam fy skam, för ingen ville ha 'nom.	Serves him right, 'cause no one wanted him.

Text and Melody: Traditional
Literal Translation: Anne-Charlotte Harvey

In this traditional dance game for pairing off, the one left over becomes "the troll." Not recommended for sensitive children.

61 ❄ Små grodorna

1. :/: Små grodorna, små grodorna
   är lustiga att se. :/:
   :/: Ej öron, ej öron,
   ej svansar hava de! :/:
   :/: Ko-ack-ack-a, ko-ack-ack-a,
   Ko-ack-ack-ack-ack-a. :/:

2. :/: Små grisarna, små grisarna
   är lustiga att se. :/:
   :/: Båd' öron, båd' öron
   och svansar hava de! :/:
   :/: Å nöff-nöff-nöff, å nöff-nöff-nöff,
   å nöff-nöff-nöff-nöff-nöff. :/:

1. :/: The froggies, the froggies
   are funny to behold. :/:
   :/: No ears at all, no ears at all,
   and then they have no tails! :/:
   :/: Ko-ack-ack-a, ko-ack-ack-a,
   Ko-ack-ack-ack-ack-a. :/:

2. :/: The piglets, the piglets
   are funny to behold. :/:
   :/: They all have ears, they all have ears
   and they have tails also! :/:
   :/: A neff-neff-neff, a neff-neff-neff,
   a neff-neff-neff-neff-neff. :/:

Text and Melody: Traditional
Singable Translation: Anne-Charlotte Harvey

In this favorite dance game for Christmas and Midsummer, everyone–children and adults of all ages– jump like frogs. A great favorite with children and adults alike, suitable for all ages. Note that Swedish frogs and pigs do not speak English; instead of "ribet" and "oink" they say "ko-ack" and "neff"!

62 ❈ Tjuv och tjuv

1. Tjuv och tjuv det skall du heta,
   för du stal min lilla vän;
   men jag har den enda trösten,
   att jag får en ann' igen.

   REFRÄNG:
   Tror ja', tra la la, tror ja', tra la la,
   tror ja', tra la la, tror ja', så.

2. Vad skall den i leken göra,
   som kan ingen flicka (gosse) få?
   Han (hon) kan vara utan flicka (gosse),
   vara lika glad ändå.

3. Ser du, ser du, jag blev gifter,
   ser du, ser du, jag fick man,
   och min man han heter Petter,
   vill ni se att han är grann?

4. Vill ni se, att jag är gifter,
   vill ni se, jag har fått fru?
   Och min fru, hon heter Karin,
   hon är lika god som sju.

1. Thief, yes thief, shall be your name
   because you stole my little friend.
   But I have the consolation
   that I'll find another one.

   CHORUS:
   I think, tra la la, I think, tra la la,
   I think, tra la la, I think so.

2. What place in our game has he (she)
   who cannot even get a girl (boy)?
   He (she) can be without a girl (boy-) friend,
   and be happy anyway.

3. See, you see that I got married,
   see, you see I got a man,
   and my husband's name is Petter,
   can you see a finer man?

4. See, you see that I am married,
   see, you see I got a wife?
   And my wife, her name is Karin,
   she's as good as seven wives!

Dance game known throughout Scandinavia.

Text and Melody: Traditional
Singable Translation: Anne-Charlotte Harvey

63 ※ Tre små gummor

Tre små gummor skulle gå en gång	Three old ladies headed out one day
till marknaden uti Nora.	to go to market in Nora.
Tre små gummor skulle gå en gång	Three old ladies headed out one day
till marknaden uti Nora.	to go to market in Nora.
"Vi ska ha roligt," sa gummorna de små.	"This is exciting, we hope to get there fast.
"Vi ska ha roligt, det kan ni väl förstå.	We little old ladies are out to have a blast.
Åka karusell och äta karamell	Eat the candy sweet, a merry-go-round treat.
och fröjdas hela dagen uti Nora."	We sure will have a fun day up in Nora."

Text: Anna Maria Roos • *Melody:* Traditional
Singable Translation: Else Sevig

The Day of St. Lucia, the 13th of December, is a cherished holiday in Sweden and Swedish America. Named after a young Sicilian martyr, the Lucia legend merged in the 19th century with legends from Värmland about a young woman bringing food to the starving in mid-winter. Today all over Sweden and Swedish America young women in long white gowns with candles in their hair appear on Lucia morning, accompanied by their "starboys" and attendants, to herald the return of light to the earth and the birth of Christ.

Christmas & Lucia Songs

64 ❄ *Hej, tomtegubbar*

:/: Hej, tomtegubbar, slå i glasen,
och låt oss lustiga vara! :/:
En liten tid vi leva här
med mycken möda och stort besvär.
Hej, tomtegubbar, slå i glasen
och låt oss lustiga vara!

:/: Hey! jolly gnomes, fill up the glasses
and we'll be merry together. :/:
Our time is brief upon the earth
With many troubles and little mirth.
Hey! jolly gnomes, fill up the glasses
and we'll be merry together!

Text and Melody: Traditional
Singable Translation: Anne-Charlotte Harvey

This Christmas drinking song is actually Sweden's most popular polska, danced in a long running line around the Christmas tree, up and down stairs, in and out of rooms. If you don't like drinking songs, you may substitute the words "ta i hatten" (doff your hats) for "slå i glasen" (fill your glasses).

65 ❋ Hosianna, Davids son

Hosianna, Davids son,	Hosannah, son of David,
välsignad vare han,	blessed be he,
välsignad Davids son,	blessed be David's son,
som kommer i Herrens namn!	who comes in the name of the Lord!
Hosianna, Davids son,	Hosannah, son of David,
välsignad vare han,	blessed be he,
välsignad Davids son,	blessed be David's son,
som kommer i Herrens namn!	who comes in the name of the Lord!
Hosianna, i höjden, Hosianna, Hosianna!	Hosannah in the highest, Hosannah, Hosannah!
Välsignad Davids son,	Blessed is David's Son
som kommer i Herrens namn!	who comes in the name of the Lord!

Text and Melody: Georg J. Vogler
Literal Translation: Anne-Charlotte Harvey

"*Hosianna*" (Hebrew for "save us" or "hail") is the name of this triumphal late-18th-century hymn that traditionally heralds the Christmas season on the first Sunday in Advent. The German-born composer Georg Vogler was musical director of the Royal Theatre in Stockholm.

66 Julpolska

1. Nu ha vi ljus här i vårt hus.
   Julen är kommen, hopp farallala!
   Barnen i ring dansa omkring,
   dansa omkring.
   Granen står så grön och grann i stugan,
   Granen står så grön och grann i stugan,
   Trala la la la, trala la la la,
   trala la la la, la la.

2. Kom, lilla vän, kom nu igen!
   Dansa kring granen, hopp, farallala!
   Glädjen är stor.
   syster och bror, syster och bror,
   pappa, mamma, alla gå i dansen,
   pappa, mamma, alla gå i dansen.
   Trala la la la, trala la la la,
   trala la la la, la la.

3. Kom, ta en sväng! Klappar i mängd
   julbocken hämtat, hopp farallala!
   Lutfisk och gröt,
   tårta så söt, tårta så söt,
   få vi sedan, när vi tröttnat dansa,
   få vi sedan, när vi tröttnat dansa,
   Trala la la la, trala la la la,
   trala la la la, la la.

1. Now we have light, our house is bright,
   Christmas is here, sing tra la la la la.
   Children they sing, dance in a ring,
   dance in a ring.
   In the house the tree is green and pretty,
   in the house the tree is green and pretty,
   Trala la la la, trala la la la,
   trala la la la, la la.

2. Children they sing, dance in a ring,
   dance round the tree, sing tra la la la!
   What fun this is,
   brother and sis, brother and sis,
   mom and dad and everyone is dancing,
   mom and dad and everyone is dancing,
   Trala la la la, trala la la la,
   trala la la la, la la.

3. Come, try the floor! Presents galore,
   Christmas goat brought us, tra la la la la!
   Lutefisk to eat,
   rice porridge treat, then cake so sweet
   we will have when we have finished dancing,
   we will have when we have finished dancing,
   Trala la la la, trala la la la,
   trala la la la, la la.

Text: Rafael Hertzberg • *Melody:* J. Ölander
Singable Translation: Else Sevig and Anne-Charlotte Harvey

67 ❄ Nu tändas tusen juleljus

1. Nu tändas tusen juleljus
   på jordens mörka rund
   och tusen, tusen stråla ock
   på himlens djupblå grund.

2. Och över stad och land i kväll
   går julens glada bud
   att född är Herren Jesus Krist,
   vår Frälsare och Gud.

3. Du stjärna över Betlehem,
   o, låt ditt milda ljus
   få lysa in med hopp och frid
   i varje hem och hus!

4. I varje hjärta armt och mörkt
   sänd du en stråle blid,
   en stråle av Guds kärleks ljus
   i signad juletid!

1. A thousand Christmas candles now
   Are lit upon the earth,
   A thousand more in heaven glow
   To honor Jesus' birth.

2. And over town and field tonight
   The Christmas message flies
   That Christ our Savior and our God
   In humble manger lies.

3. O star that shone in Bethlehem
   So radiant and mild
   Shine in tonight with hope and peace
   For every home and child.

4. And may each heart that's sad and dark
   Be opened to thy ray,
   And may God's light and love reach in
   Upon this Christmas day.

Text and Melody: Emmy Köhler
Singable Translation: Noel Wirén and Else Sevig

68 ❄ *Nu är det jul igen*

1. :/: Nu är det jul igen, och
   nu är det jul igen,
   och julen vara ska till påska. :/:
   :/: Men det var inte sant, men det var inte sant,
   för däremellan kommer fasta. :/:

2. :/: Anders Perssons stuga står i ljusan låga,
   alla ljusen brinna oppsan! :/:
   :/: Hej hoppsan, i galoppsan,
   Alla ljusen brinna oppsan! :/:

1. :/: Christmas is here again, and,
   Christmas is here again,
   and Christmas lasts until it's Easter. :/:
   :/: But that just isn't true, but that just isn't true,
   'cause Lent does come right in between them. :/:

2. :/: Anders Persson's cottage is ablaze with fire,
   all the candles burning up-san! :/:
   :/: Hey hop-san! In a gallop-san,
   all the candles burning up-san! :/:

Text: Traditional • *Melody:* Traditional Polska
Singable Translation: Anne-Charlotte Harvey

Along with "Hej Tomtegubbar" the best-known Swedish polska, a centuries-old dance in triple time. All join hands in a long line and dance around the tree with small running steps, forming "the snake," "the snail," or other figures of folk origin.

69 När juldagsmorgon glimmar

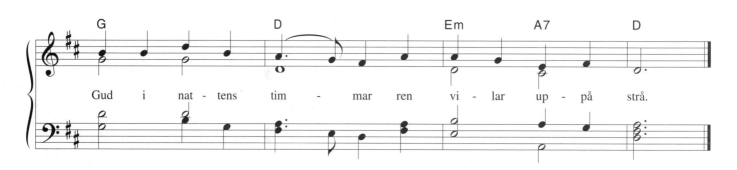

1. När juldagsmorgon glimmar,
   jag vill till stallet gå,
   :/: där Gud i nattens timmar
   ren vilar uppå strå. :/:

2. Hur god du var som ville
   till jorden komma ner.
   :/: Nu ej i synd jag spille
   min barndoms dagar mer. :/:

3. Dig, Jesu vi behöva,
   du käre barnavän.
   :/: Jag vill ej mer bedröva
   med synder dig igen. :/:

1. I turn unto a stable
   When Christmas day doth dawn,
   :/: A manger where God lieth
   Upon this holy morn. :/:

2. How good was God in heaven,
   His Son to us He sent.
   :/: No more in sinful pleasures
   My childhood's days be spent. :/:

3. We need Thee, Jesus, ever,
   The children's steadfast friend.
   :/: I would that I might never
   My days to evil lend. :/:

Text: Betty Ehrenborg • *Melody:* German Folk Melody
Singable Translation: Noel Wirén

*Betty Ehrenborg, well known for her songs for Sunday school and children,
wrote this mid-19th-century song to an old German melody.*

70 ❄ Räven raskar över isen

1. Räven raskar över isen
   och räven raskar över isen.
   Får vi lov och får vi lov
   att sjunga FLICKORNAS visa?
   Så här gör FLICKORNA var de går
   och var de sitter och var de står.
   Och får vi lov och får vi lov,
   att sjunga FLICKORNAS visa?

1. The fox scurries across the ice
   and the fox scurries across the ice.
   May we be permitted, may we be permitted
   to sing the GIRLS' song?
   This is what the GIRLS do wherever they go,
   wherever they sit and wherever they stand.
   And may we be permitted, may we be permitted
   to sing the GIRLS' song?

		ACTIONS
2. GOSSARNAS	2. BOYS'	bow
3. SKOMAKAR'NS	3. SHOEMAKER'S	pat soles
4. BAGARNS	4. BAKER'S	pat floor
5. SKRATT-OLLES	5. LAUGH-OLLE'S	laugh
6. GRÅT-OLLES	6. CRY-OLLE'S	cry

Each verse of this favorite Swedish song dance is begun by joining hands and running in a circle. When you announce that you will be singing FLICKORNAS (the girls') song, you stop and curtsy. On the final "får vi lov," each dancer claps his/her hands and turns in place. There is an action that corresponds to each verse, and you can make up more verses of your own.

Text and Melody: Traditional
Literal Translation: Anne-Charlotte Harvey

71 ❋ Sankta Lucia

1. Natten går tunga fjät
   runt gård och stuva.
   Kring jord, som sol'n förlät,
   skuggorna ruva.
   Då i vårt mörka hus
   stiger med tända ljus
   Sankta Lucia, Sankta Lucia.

1. The night walks with heavy steps
   'round farm and cottage.
   Around the earth, forsaken by the sun,
   shadows are brooding.
   Then into our dark house
   steps with lighted candles
   Saint Lucia, Saint Lucia.

2. Natten är stor och stum.
   Nu hör det svingar
   i alla tysta rum
   sus som av vingar.
   Se, på vår tröskel står
   vitklädd, med ljus i hår
   Sankta Lucia, Sankta Lucia.

3. "Mörkret skall flykta snart
   ur jordens dalar."
   Så hon ett underbart
   ord till oss talar.
   Dagen skall åter ny
   stiga ur rosig sky.
   Sankta Lucia, Sankta Lucia.

2. The night is vast and mute.
   Now hear reverberate
   in all silent rooms
   a rustle as of wings.
   See, on our threshold stands,
   dressed in white, lights in her hair,
   Saint Lucia, Saint Lucia.

3. "The darkness will soon leave
   the valleys of earth."
   Thus she a wonderful
   word to us speaks.
   The day shall again, reborn,
   rise from a rosy sky.
   Saint Lucia, Saint Lucia.

Text: Arvid Rosén • *Melody:* Neopolitan Folk Tune
Literal Translation: Anne-Charlotte Harvey

72 ❄ *Staffan var en stalledräng*

1. (SOLO:) Staffan var en stalledräng,
   (ALL:) —vi tackom nu så gärna—
      (repeat after first line of each verse)
   (SOLO:) han vattna sina fålar fem.
   (ALL:) —allt för den ljusa stjärnan.
      (repeat after second line of each verse)

OMKVÄDE:

(ALL:) Ingen dager synes än,
   stjärnorna på himmelen de blänka.

1. (SOLO:) Stephen was a stable lad,
   (ALL:) —we now give thanks so freely—
      (repeat after first line of each verse)
   (SOLO:) he watered his five horses.
   (ALL:) —all for the bright star.
      (repeat after second line of each verse)

CHORUS:

(ALL:) No daylight can yet be seen,
   the stars in the sky, they twinkle.

2. Hastigt lägges sadeln på
   innan solen månd uppgå.
3. Bästa fålen apelgrå
   den rider Staffan själv uppå.
4. I den fula ulvens spår,
   raskt och oförskräckt han går.
5. Gamle björnen i sitt bo
   ej får vara uti ro.
6. Nu är eld uti var spis,
   julegröt och julegris.
7. Nu är fröjd uti vart hus,
   julegröt och juleljus.

2. Quickly the saddle is put on
   before the sun may rise.
3. The best dapple-gray steed
   that one Stephen rides himself.
4. In the ugly wolf's tracks
   swift and unafraid he goes.
5. The old bear in his den
   is not left in peace.
6. Now there is fire in every stove,
   Christmas porridge, Christmas pig.
7. Now there is joy in every house,
   Christmas porridge, Christmas lights.

Text and Melody: Medieval Ballad
Literal Translation: Anne-Charlotte Harvey

The repeated lines are generally sung by the entire group, the strophes by a solo voice.

This traditional song about Staffan, the Swedish name for the martyred Saint Stephen, is usually sung by Lucia's male attendants, the stjärngossar or starboys. They wear long white shirts and conical hats with stars. The starboy custom dates back to the Middle Ages, when university students used to walk from farm to farm before Christmas, singing and begging. The one dressed in black with sooted face had the task of collecting money and was called "Judas med pungen," or "Judas with the purse."

73 ✻ *Stilla natt, heliga natt*

1. Stilla natt, heliga natt!
   Allt är frid. Stjärnan blid
   skiner på barnet i stallets strå
   och de vakande fromma två.
   Kristus till jorden är kommen.
   Oss är en frälsare född.

2. Stora stund, heliga stund!
   Änglars här slår sin rund
   kring de vaktande herdars hjord.
   Rymden ljuder av glädjens ord:
   "Kristus till jorden är kommen,
   Eder är Frälsaren född."

3. Stilla natt, heliga natt!
   Mörkret flyr, dagen gryr.
   Räddningstimman för världen slår,
   Nu begynner vårt jubelår:
   "Kristus till jorden är kommen.
   Oss är en frälsare född."

1. Silent night, holy night,
   all is calm, all is bright,
   round yon virgin, mother and child,
   holy infant, so tender and mild,
   sleep in heavenly peace,
   sleep in heavenly peace.

2. Silent night, holy night,
   shepherds quake at the sight.
   Glory streams from heaven afar.
   Heavenly hosts sing alleluia!
   Christ, the Savior is born!
   Christ, the Savior is born!

3. Silent night, holy night,
   Son of God, love's pure light.
   radiant beams from Thy holy face
   with the dawn of redeeming grace,
   Jesus, Lord at Thy birth,
   Jesus, Lord at Thy birth.

Text: Joseph Mohr • *Melody:* Franz Gruber
Swedish Text: Oscar Mannström • *Singable Translation:* John F. Young

When this song was written in 1818, in Austria, by organist Franz Gruber and vice pastor Joseph Mohr, little did they know that it would become one of the world's most beloved Christmas songs. In Sweden it has been considered a hymn since 1932.

74 ❋ Tomtarnas julnatt

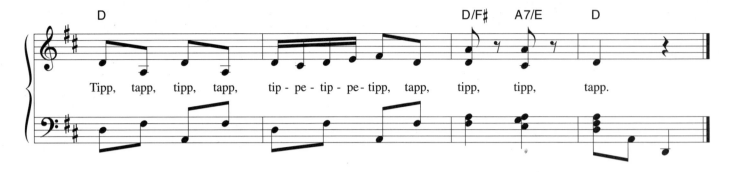

(Sing in a hushed, secretive mood.)

1. Midnatt råder, tyst det är i husen,
   tyst i husen.
   Alla sova, släckta äro ljusen,
   äro ljusen.

   REFRÄNG:
   Tipp, tapp, tipp, tapp,
   tippe-tippe-tipp-tapp, tipp, tipp, tapp.

2. Se, då krypa tomtar upp ur vrårna,
   upp ur vrårna,
   lyssna, speja, trippa fram på tårna,
   fram på tårna.

3. Hur de mysa, hoppa upp bland faten, upp bland
   faten,
   tissla, tassla: "God är julematen,
   julematen!"

4. Gröt och skinka, lilla äppelbiten,
   äppelbiten!
   Tänk, så rart det smakar Nisse liten,
   Nisse liten!

5. Sedan åter in i tysta vrårna,
   tysta vrårna
   tomteskaran tassar nätt på tårna,
   nätt på tårna.

1. Midnight reigns, it is quiet in the houses,
   in the houses.
   Everyone's asleep, the lights are out,
   the lights are out.

   CHORUS:
   Tip, tap, tip, tap,
   tippy-tippy-tip-tap, tip, tip, tap.

2. See the gnomes creep up out of the corners,
   of the corners.
   Listening, watching, tippy-toeing forward,
   tip-toe forward.

3. How they beam, jump up among the platters,
   'mong the platters,
   tittle, tattle, "This Christmas food's delicious,
   is delicious!"

4. Porridge, ham, a little piece of apple,
   piece of apple!
   My, how good they taste to little Nisse,
   little Nisse!

5. Then returning into silent corners,
   silent corners,
   all the gnomes are tippy-toeing lightly,
   tip-toe lightly.

Text: Alfred Smedberg • *Melody:* Vilhelm Sefve
Singable Translation: Anne-Charlotte Harvey

*In the old days, people believed that every house had its own tomte or gnome.
On Christmas Eve you had to leave a dish of porridge for him and his family so that they would
be friendly during the coming year. In this song many little gnomes are enjoying their feast.*

75 Var hälsad, sköna morgonstund

1. Var hälsad, sköna morgonstund,
   Som av profeters helga mun
   Är oss bebådad vorden!
   Du stora dag, du sälla dag,
   På vilken himlens välbehag
   Ännu besöker jorden!
   Unga sjunga med de gamla:
   Sig församla jordens böner
   Kring den störste av dess söner.

2. Guds väsens avbild och likväl
   En mänskoson, på det var själ,
   Må glad till honom lända,
   Han kommer, följd av frid och hopp
   De villade att söka opp
   Och hjälpa de elända,
   Värma, närma till varandra
   Dem, som vandra kärlekslösa
   Och ur usla brunnar ösa.

3. Han tårar fälla skall som vi,
   Förstå vår nöd och stå oss bi
   Med kraften av sin Anda,
   Förkunna oss sin Faders råd
   Och sötman av en evig nåd
   I sorgekalken blanda,
   Strida, lida dödens smärta,
   Att vårt hjärta frid må vinna
   Och en öppnad himmel finna.

4. Han kommer, till vår frälsning sänd,
   Och nådens sol, av honom tänd,
   Skall sig ej mera dölja.
   Han själv vår herde vara vill,
   Att vi må honom höra till
   Och honom efterfölja,
   Nöjda, höjda över tiden, och i friden
   Av hans rike
   En gång varda honom like.

1. All hail to thee, O blessed morn!
   To tidings, long by prophets borne,
   Hast Thou fulfillment given.
   O sacred and immortal day,
   When unto earth, in glorious ray,
   Descends the grace of heaven!
   Singing, ringing, sounds are blending,
   Praises sending unto heaven
   For the Savior to us given.

2. 'Tis God's own Image and, withal,
   The Son of Man, that mortals all
   May find in Him a brother.
   He comes with peace and love to bide
   On earth, the erring race to guide,
   And help, as could no other;
   Rather gather closer, fonder,
   Sheep that wander, feed and fold them,
   Than let evil powers hold them.

3. He tears, like other men, will shed,
   Our sorrows share, and be our aid,
   Thro' His eternal power;
   The Lord's good will unto us show,
   And mingle in our cup of woe
   The drops of mercy's shower;
   Dying, buying, thro' His passion
   Our salvation, and to mortals
   Opening the heav'nly portals.

4. He comes, for our redemption sent,
   And by His glory heav'n is rent,
   To close upon us never:
   Our blessed Shepherd He would be,
   Whom we may follow faithfully
   And be with Him forever;
   Higher, nigher, glory winging,
   Praises singing to the Father
   And His Son, our Lord and Brother.

Text: Johan Olof Wallin • *Melody:* Philip Nicolai
Singable Translation: Ernst William Olson

Sweden's most prolific hymnwriter, 19th-century bishop Johan Olof Wallin used a late-16th-century melody to write this majestic hymn that is part of every Swedish "julotta" (Christmas morning) service to this day.

Hymns

76 Barnatro

1. Har du kvar din barnatro
   ifrån hemmets lugna bo?
   Kan du bedja än som förr du alltid bad:
   "Gud, som haver barnen kär,
   se till mig, som liten är,"
   gamla mor då känner sig så nöjd och glad.

1. Have you kept your childlike faith
   from the home where you were safe?
   Can you pray like as a child you used to pray?
   God, you love me every day
   and you hear me when I pray.
   My old mother will rejoice and then she'll say:

REFRÄNG:
Barnatro, barnatro,
till himmelen du är en gyllne bro!
Barnatro, barnatro,
till himmelen du är en gyllne bro!

2. Du har kanske vandrat kring
runt om hela jordens ring
och i fjärran land du sökt att lyckan nå.
Du har gråtit mången gång,
när du hört en gammal sång,
som du minnes ifrån hemmets lugna vrå.

3. Likt en seglare i hamn
blev du lugn i modersfamn,
ömt hon smekte dig och sjöng om himlens land.
Hennes stämma blev så varm,
när du låg vid hennes barm,
hon din framtid lade trygg i änglars hand.

4. Du blir lycklig liksom förr,
om du öppnar hjärtats dörr,
barnaårens sällhet åter bliver din.
Uti himmelen blir fröjd
och du själv blir glad och nöjd,
du kan sjunga se'n med jubel i ditt sinn.

CHORUS:
Childlike faith, childlike faith,
To heaven's realm you are the golden gate.
Childlike faith, childlike faith,
To heaven's realm you are the golden gate.

2. You have wandered all around
and no happiness have found
in the distant countries lonely you would roam.
Then a tear would come along
when you heard a good old song
that reminded you of childhood days at home.

3. Like a sailor home from sea,
you were safe on Mother's knee,
as she sang to you of God and heaven there.
And her voice became so calm
as she cradled you from harm
and she put your future in the angels' care.

4. You'll be happy as before,
make your heart an open door.
Let the happiness from childhood come your way.
And in heaven they rejoice
as they hear your happy voice.
You can sing with jubilation on that day.

© Copyright by Elkan & Schildknecht, Emil Carelius, Stockholm, Sweden.
Used by Permission. *Text and Melody:* Gunnar Dahl • *Singable Translation:* Else Sevig

In the 1940s, this song gained great popularity in Sweden and Swedish America through the performances of the evangelical singer Lapp Lisa.

77 ❋ Blott en dag

1. Blott en dag, ett ögonblick i sänder,
O vad tröst, evad som kommer på!
Allt ju vilar i min Faders händer:
Skulle jag, som barn, väl ängslas då?
Han, som bär för mig ett fadershjärta,
Giver ju åt varje nyfödd dag
Dess beskärda del av fröjd och smärta,
Möda, vila och behag.

1. Day by day and with each passing moment,
strength I find to meet my trials here,
trusting in my Father's wise bestowment,
I've no cause for worry or for fear.
He whose heart is kind beyond all measure
gives unto each day what He deems best.
Lovingly, its part of pain and pleasure,
mingling toil with peace and rest.

2. Själv han är mig alla dagar nära,
   För var särskild tid med särskild nåd;
   Varje dags dekymmer vill han bära,
   Han, som heter både Kraft och Råd.
   Att sin dyra egendom bevara,
   Denna omsorg har han lagt på sig.
   Som din dag, så skall din kraft ock vara,
   Detta löfte gav han mig.

3. Hjälp mig då att vila tryggt och stilla
   Blott vid dina löften, Herre kär,
   Och ej trones dyra tröst förspilla,
   Som i ordet mig förvarad är!
   Hjälp mig, Herre, att, evad mig händer,
   Taga av din trogna fadershand
   Blott en dag, ett ögonblick i sänder,
   Tills jag nått ditt goda land!

2. Every day the Lord himself is near me
   with a special mercy for each hour.
   All my cares He fain would bear and cheer me,
   He whose name is counselor and power.
   The protection of his child and treasure
   is a charge that on himself He laid.
   As your days, your strength shall be in measure,
   this the pledge to me He made.

3. Help me then in every tribulation
   so to trust Thy promises, O Lord,
   that I lose not faith's sweet consolation
   offered me within Thy holy Word.
   Help me, Lord, when toil and trouble meeting,
   e'er to take, as from a father's hand,
   one by one, the days, the moments fleeting,
   till I reach the promised land.

Text: Lina Sandell-Berg • *Melody:* Oscar Ahnfelt
Singable Translation: A. S. Skoog

This hymn was written in the 1860s by Lina Sandell-Berg, one of the most beloved hymn writers in Sweden and Swedish America. Her statue can be seen at North Park College in Chicago.

78 Bred dina vida vingar

1. Bred dina vida vingar,
   O Jesu, över mig,
   Och låt mig stilla vila
   I ve och väl hos dig!
   Bliv du min ro, min starkhet,
   Min visdom och mitt råd,
   Och låt mig alla dagar
   Få leva av din nåd!

2. Förlåt mig alla synder
   Och två mig i ditt blod!
   Giv mig ett heligt sinne,
   En vilja ny och god!
   Tag i din vård och hägnad
   Oss alla, stora, små,
   Och låt i frid oss åter
   Till nattens vila gå!

1. Thy holy wings, dear Savior,
   Spread gently over me;
   And thro' the long night watches,
   I'll rest secure in Thee.
   Whatever may betide me,
   Be Thou my hiding place,
   And let me live and labor
   Each day, Lord, by Thy grace.

2. Thy pardon, Savior, grant me,
   And cleanse me in Thy blood;
   Give me a willing spirit,
   A heart both clean and good.
   O take into Thy keeping
   Thy children, great and small,
   And, while we sweetly slumber,
   Enfold us, one and all.

Text: Lina Sandell-Berg • *Melody:* Swedish Folk Tune
Singable Translation: Ernest Edwin Rydén

79 ❄ Den blomstertid nu kommer

1. Den blomstertid nu kommer
   Med lust och fägring stor:
   Du nalkas, ljuva sommar,
   Då gräs och gröda gror.
   Med blid och livlig värma
   Till allt, som varit dött,
   Sig solens strålar närma
   Och allt blir återfött.

2. De fagra blomsterängar
   Och åkerns ädla säd,
   De rika örtesängar
   Och lundens gröna träd,
   De skola oss påminna
   Guds godhets rikedom,
   Att vi den nåd besinna,
   Som räcker året om.

1. The time of flowers is coming
   with great joy and beauty.
   You are drawing near, delightful summer,
   when grass and crops grow.
   With pleasant and friendly warmth
   to everything that was dead
   the sunbeams come closer
   and everything is born again.

2. The beautiful meadows of flowers
   and the precious crop of the field,
   the fertile herb gardens
   and the green trees of the grove.
   They should remind us of
   God's abundant goodness,
   that we consider God's grace
   that lasts the whole year.

3. Man hörer fåglar sjunga
   Med mångahanda ljud;
   Skall icke då vår tunga
   Lovsäga Herren Gud?
   Min själ, upphöj Guds ära,
   Stäm upp din glädjesång
   Till den som vill oss nära
   Och fröjda på en gång.

4. Välsigna årets gröda
   Och vattna du vårt land.
   Giv alla mänskor föda,
   Välsigna sjö och strand.
   Välsigna dagens möda
   och kvällens vilostund.
   Låt livets källa flöda
   Ur Ordets djupa grund.

3. You hear the birds singing
   with many different sounds.
   Shall not our tongue then sing praise
   to the Lord our God?
   My soul, give honor to God.
   Sing your song of gladness
   to the one who will both nurture us
   and delight us.

4. Bless the crop of the year
   and water our land,
   give us sufficient food,
   bless lake and shore.
   Bless the labor of the day
   and the evening's moment of rest.
   Let the spring of life well up
   from the deep fount of the Word.

Text: Israel Kolmodin • *Melody:* Swedish Chorale
Literal Translation: Ernest Edwin Rydén

Written in the 1690s, this hymn is still the favorite summer hymn in Sweden today, especially since it is traditionally sung at graduation, at the end of the school year.

80 ✳ *Glädjens herre, var vår gäst*

(BEFORE THE MEAL)
1. Glädjens herre, var vår gäst,
   vid vårt bord idag.
   Gör vårt måltid till en fest,
   efter ditt behag.

(AFTER THE MEAL)
2. För de gåvor som du ger
   tackar vi dig, Gud.
   Du som ger förrän vi ber
   prisad vare du.

(BEFORE THE MEAL)
1. Join our table, Lord of Joy,
   Make this meal a fest.
   As we honor you we pray,
   Come and be our guest.

(AFTER THE MEAL)
2. For the gifts provided here
   Grateful prayers we raise.
   With your presence, Lord be near
   As we sing your praise.

This is used as a table grace.

Text and Melody: Traditional
Singable Translation: Else Sevig

81 ❄ Han skall öppna pärleporten

1. Underbara Gudakärlek;
   Mäktig, ren och rik och stor,
   Alla stunder, vilket under,
   Som i Jesu hjärta bor.

1. Love divine, so great and wondrous,
   Deep and mighty, pure, sublime;
   Coming from the heart of Jesus,
   Just the same through tests of time.

REFRÄNG:	CHORUS:
Han skall öppna pärleporten / Så att jag får komma in. / Ty för blodet har han frälst mig, / Och mig evigt gjort till sin.	He the pearly gates will open, / So that I may enter in; / By His blood as God hath spoken, / He has cleansed us from all sin.

2. En gång som en jagad duva,
   Som en sargad hjort jag var.
   Men ett sönderkrossat hjärta,
   Jesus aldrig bortstött har.

3. När han fann mig där i snåren,
   Böjde han sig ned till mig.
   Viskade: "Se blodet, såren.
   Är ej detta nog för dig?"

4. Underbara Gudakärlek!
   Allt förlät han på en gång.
   Och om blodet, dyra blodet,
   Evigt ljuda skall min sång.

5. Och när livets afton skymmer,
   Jag hos honom klappar på.
   Och för blodet, dyra blodet,
   Skall han öppna för mig då.

2. Like a dove when hunted, frightened,
   As a wounded fawn was I;
   Brokenhearted, yet He healed me,
   He will heed the sinner's cry.

3. When He found me in the thicket
   He bent down to me anew,
   Whispered, "See my wounds, I'm bleeding.
   Is not this enough for you?"

4. Love Divine, so great and wondrous,
   All my sins He then forgave;
   I will sing His praise forever,
   For His blood, His power to save.

5. In life's eventide, at twilight,
   At His door I'll knock and wait;
   By the precious love of Jesus,
   I shall enter heaven's gate.

Text: Fred Blom • *Melody:* Elsie Ahlwen
Singable Translation: N. Carlson and Anne-Charlotte Harvey

82 ✳ Härlig är jorden

1. Härlig är jorden,
   Härlig är Guds himmel,
   Skön är själarnas pilgrimsgång.
   Genom de fagra
   Riken på jorden
   Gå vi till paradis med sång.

2. Tidevarv komma,
   Tidevarv försvinna,
   Släkten följa släktens gång.
   Aldrig förstummas
   Tonen från himlen
   I själens glada pilgrimssång.

3. Änglar den sjöngo
   Först för markens herdar.
   Skönt från själ till själ det ljöd:
   Människa, gläd dig,
   Frälsarn är kommen,
   Frid över jorden Herren bjöd.

1. Beautiful Savior!
   King of creation!
   Son of God and Son of Man!
   Truly I'd love Thee,
   Truly I'd serve Thee,
   Light of my soul, my joy, my crown.

2. Fair are the meadows,
   Fairer the woodlands,
   Robed in flowers of blooming spring;
   Jesus is fairer,
   Jesus is purer,
   He makes our sorrowing spirit sing.

3. Fair is the sunshine,
   Fairer the moonlight
   And the sparkling stars on high.
   Jesus shines brighter,
   Jesus shines purer
   Than all the angels in the sky.

Text: Bernhard Severin Ingemann • *Melody:* Silecian Folk Tune
Singable Translation: Joseph A. Seiss

83 I den stilla aftonstund

1. I den stilla aftonstund,
   Jesus var mig nära!
   Påminn mig ditt fridsförbund,
   Dina löften kära!
   Låt mig sitta vid ditt bord,
   Detta rika nådens bord,
   Där din härlighet blir spord
   Än ibland de dina.

1. In the quiet evening,
   Jesus, be close to me!
   Remind me of Your covenant of peace,
   Your loving promises.
   Let me sit at your table,
   the abundant table of grace,
   where Your people
   learn about Your splendor.

2. Samla mina tankar nu
   In på dig allena,
   Och bestänk mitt hjärta, du,
   Med ditt blod, det rena;
   Att jag uti tron ock må
   Fram till dig, o Jesus, gå
   Och utav din fullhet få
   Allt vad jag behöver!

3. Vad mig under dagen mött
   Utav fröjd och smärta,
   Vad som gjort mitt sinne trött
   Eller styrkt mitt hjärta,
   Allt jag säga vill för dig,
   Som så huld och nådelig
   Bäst förstår och känner mig,
   Bäst kan dig förbarma!

4. Må jag så, fast arm och svag,
   Dock med helgad tunga
   Till din ära dag från dag,
   O min Jesus, sjunga:
   Hitintills min tröst du var,
   Ja, min tillflykt, mitt försvar,
   Hitintills du hulpit har,
   Skall ock framgent hjälpa.

2. Gather my thoughts now
   on You alone,
   and cleanse my heart
   with Your blood.
   that I may in faith reach
   forth to You, O Jesus,
   and receive of Your generosity
   everything that I need.

3. What I experience during the day
   of joy and pain,
   that which has tired my mind
   or strengthened my heart,
   everything I will tell You,
   who so kind and gracious
   best understands and knows me,
   best can have mercy on me!

4. May I then, although poor and weak,
   but with sacred voice,
   to Your honor from this day forth,
   O, my Jesus, sing.
   Until now You have been my comfort,
   Yes, my refuge, my defense;
   Until now You have helped,
   And You will still help in the future.

Text: Lina Sandell-Berg • *Melody:* Traditional
Literal Translation: Else Sevig

84 Jag har en vän

1. Jag har en vän, som älskar mig
   Så högt att han lät offra sig
   I korsets död på Golgata.
   Mitt hjärta, sjung halleluja.

1. I have a Friend who loveth me,
   He gave His life on Calvary;
   Upon the cross my sins He bore,
   And I am saved forevermore.

REFRÄNG:
> Halleluja, jag har en vän,
> Som förer mig till himmelen.
> Han hela vägen med mig går,
> Och av hans hand jag kronan får.

2. Min Jesu kärlek, innerlig,
   Är ljuset på min vandringsstig,
   Den skatt som gör mig rik och säll
   Och driver sorgen från mitt tjäll.

3. Jag har en vän, en mäktig vän,
   Som tronar uti himmelen
   Och råder över alla land,
   På höjd, i dal, på sjö och strand.

4. Vad mer, om jag är arm och svag
   Och stundom tung min prövningsdag,
   Så länge Jesus är min vän,
   Jag lycklig är och sjunger än.

CHORUS:
> O, hallelujah, He's my Friend!
> He guides me to the journey's end.
> He walks beside me all the way
> And will bestow a crown someday.

2. My Savior's love so full and free
   Doth light the weary way for me;
   It fills with joy each passing day
   And drives my sorrows all away.

3. I have a Friend, a mighty Friend,
   Upon His power I may depend;
   He reigneth over every land,
   O'er valley, hill, on sea and strand.

4. O brother, join us in our song!
   This Friend to you would fain belong;
   Though far from what you'd like to be,
   His grace sufficient is for thee.

Text and Melody: Nils Frykman
Singable Translation: Bernhard Severin Ingemann

85 Jag har hört om en stad

1. Jag har hört om en stad ovan molnen,
   Ovan jordiska, dimhöljda länder,
   Jag har hört om dess solljusa stränder,
   Och en gång, tänk, en gång är jag där!
   Halleluja! Jag högt måste sjunga!
   Halleluja! Jag går till den staden!
   Om än stegen bli trötta och tunga
   Bär det uppåt och hemåt ändå.

2. Jag har hört om ett land utan tårar,
   Utan sorg, utan nöd, utan strider,
   Och där ingen av sjukdom mer lider,
   Och en gång, tänk, en gång är jag där!
   Halleluja! Där fröjdas vi alla!
   Halleluja! Vart tvivel försvunnit!
   Aldrig mer skall jag stappla och falla.
   Jag är framme, ja, hemma hos Gud.

3. Jag har hört om den snövita dräkten
   Och om glansen av gyllene kronor.
   Jag har hört om den himmelska släkten,
   Och en gång, tänk, en gång är jag där!
   Halleluja! Jag fröjdas i anden.
   Jag kan höra den himmelska sången.
   Och det sliter i jordiska banden,
   Ty jag vet, jag skall snart vara där.

1. I have heard of a heavenly city,
   That is high above mountains and meadows.
   I have heard of the shores filled with sunshine,
   And I know that someday I'll be there.
   Halleluja! I'll sing with excitement.
   Halleluja! My goal is that city.
   Though my footsteps get tired and heavy,
   I'm headed for heaven someday.

2. I have heard of a land without sorrow,
   Without tears, without stress, without struggles,
   And where nobody suffers from sickness,
   And I know that some day I'll be there.
   Halleluja! We will be rejoicing!
   Halleluja! All doubt has now vanished!
   Nevermore will I stumble or falter.
   I am home, yes, I'm home with my Lord.

3. I have heard of the pure snow-white garments
   And the crowns that are shiny and golden.
   I have heard of the heavenly chorus,
   And I know that someday I'll be there.
   Halleluja! My spirit rejoices
   To the sound of the heavenly chorus.
   And my ties to this earth are now loosened,
   For I know that I soon will be there.

Text: Lydia Lithell • *Melody:* Russian Folk Tune
Singable Translation: Else Sevig • Used by permission

86 — Jag kan icke räkna dem alla

1. Jag kan icke räkna dem alla,
   De prov på Guds godhet jag rönt:
   Likt morgonens droppar de falla
   Och glimma likt dessa så skönt.
   Jag kan icke räkna dem alla,
   De prov på Guds godhet jag rönt.

2. Likt stjärnornas tallösa skara
   De hava ej namn eller tal,
   Men stråla likt dessa så klara
   Jämväl i den mörkaste dal.
   Likt stjärnornas tallösa skara
   De hava ej namn eller tal.

3. Jag kan icke räkna dem alla,
   Men ack, må jag tacka dess mer!
   Guds kärleks bevis må jag kalla
   De under av nåd han beter!
   Jag kan icke räkna dem alla,
   Men ack, må jag tacka dess mer!

1. I cannot count them all;
   they are proofs of God's goodness to me.
   Like dewdrops in the morning, they fall
   and shimmer like them so beautifully.
   I cannot count them all;
   they are proofs of God's goodness to me.

2. Like the infinite number of stars,
   they have neither name nor number,
   but they shine like them so clearly,
   even in the darkest valley.
   Like the infinite number of stars,
   they have neither name nor number.

3. I cannot count them all,
   but oh, even more so, I must say thanks!
   The proofs of God's love I must call
   the miracles He gives us by grace.
   I cannot count them all,
   but even more so I must say thanks!

Text: Lina Sandell-Berg • *Melody:* A. Lindström
Literal Translation: Else Sevig

87 ❄ *Jag är främling*

1. Jag är främling, jag är en pilgrim,
   Blott en afton, blott en afton bor jag här.
   Gör mig ej hinder, ty jag vill följa
   Guds folk till strids genom ök'n och bölja!
   Jag är främling, jag är en pilgrim,
   Blott en afton, blott en aftonbor jag här, bor jag här.

2. Till det landet mitt öga blickar,
   Evigt strålar, evigt strålar solen där;
   I främlingslandet är mörkt och farligt,
   Där går jag vilse och stapplar snarligt;
   Till Guds Kanaan mitt öga blickar,
   Evigt strålar solen där, solen där.

3. Jorden har ej den ro jag söker,
   Nej, jag längtar, nej, jag längtar till Guds stad;
   Där gråter ingen, där slutar nöden,
   Där bor ej synden, dit når ej döden.
   Jorden har ej den ro jag söker,
   Nej, jag längtar, nej, jag längtar till Guds stad.

1. I'm a pilgrim, and I'm a stranger,
   I can tarry, I can tarry but a night,
   Do not detain me, for I am going
   To where the fountains are ever flowing.
   I'm a pilgrim, and I'm a stranger,
   I can tarry, I can tarry but a night.

2. There the glory is ever shining;
   Oh, my longing heart, my longing heart is there.
   Here in this country, so dark and dreary,
   I long have wandered, forlorn and weary.
   I'm a pilgrim, and I'm a stranger,
   I can tarry, I can tarry but a night.

3. Of the city to which I'm going
   My Redeemer, my Redeemer is the light;
   There is no sorrow nor any sighing,
   Nor any sinning, nor any dying.
   Of the city to which I'm going
   My Redeemer, my Redeemer is the light.

Text: Carl Olof Rosenius and Betty Ehrenborg • *Melody:* Oskar Ahnfelt
Singable Translation: Mary S. B. Shindler

88 Jesus kär, gå ej förbi mig

1. Jesus kär, gå ej förbi mig,
   Låt mig bönhörd bli!
   Då åt andra nåd du skänker,
   Gå ej mig förbi!

   REFRÄNG:
   Jesus, Jesus, låt mig bönhörd bli,
   Och då andra du uppväcker,
   Gå ej mig förbi!

2. Låt ock mig vid nådatronen
   Finna himmelsk ro:
   Då jag sjunker ned förkrossad,
   Herre, lär mig tro!

1. Pass me not, O gentle Savior,
   Hear my humble cry;
   While on others Thou art calling,
   Do not pass me by.

   CHORUS:
   Savior, Savior, hear my humble cry;
   While on others Thou art calling,
   Do not pass me by.

2. Let me at a throne of mercy
   Find a sweet relief;
   Kneeling there in deep contrition,
   Help my unbelief.

3. Blott på din förtjänst jag kommer
   Och om nåd begär;
   Hela mitt beklämda hjärta,
   Fräls mig som jag är!

4. Du är all min glädjekälla,
   Mer än liv för mig;
   Vad i himlen, vad på jorden
   Har jag utom dig?

3. Trusting only in Thy merit,
   Would I seek Thy face;
   Heal my wounded, broken spirit,
   Save me by Thy grace.

4. Thou the Spring of all my comfort,
   More than life to me,
   Whom have I on earth beside Thee?
   Whom in heav'n but Thee?

Text: Fanny Crosby • *Melody:* William H. Doane
Swedish Text: E. Nyström

1. När den evigt klara morgon gryr
     med sol och helgdagsfrid
  och när sabbat uti himlen ringer in,
  skall ock jag med Herrens flock
     genom pärleporten vid
  dra att ta den plats som utav nåd blir min.

  REFRÄNG:
  När Guds röst till välkomst bjuder,
  När Guds röst till välkomst bjuder,
  När Guds röst till välkomst bjuder,
  skall ock jag för vita tronen glad framgå.

2. Utav alla folk och stammar samlas
     där en skara stor,
  uti högtidssmyckad stad på Sions höjd.
  Även sämste sonen,
     som i främlingslandet vilse går,
  får då vara med och smaka himlens fröjd.

3. Och då glädjen brusar väldig
     uti sång och harpospel
  och vår konungs härlighet är skönt förspord,
  skall ock jag, fast intet i mig själv,
     av nåd få taga del,
  dubbelt säll, utav vår Jesu kärleksord.

1. When the trumpet of the Lord shall sound,
     and time shall be no more,
  And the morning breaks, eternal, bright and fair;
  When the saved of earth shall gather
     over on the other shore,
  And the roll is called up yonder, I'll be there.

  CHORUS:
  When the roll is called up yonder,
  When the roll is called up yonder,
  When the roll is called up yonder,
  When the roll is called up yonder, I'll be there.

2. On that bright and cloudless morning when
     the dead in Christ shall rise,
  And the glory of His resurrection share;
  When His chosen ones shall gather to their
     home beyond the skies,
  And the roll is called up yonder, I'll be there.

3. Let us labor for the Master from the dawn
     till setting sun,
  Let us talk of all His wondrous love and care;
  Then when all of life is over, and our work on
     earth is done,
  And the roll is called up yonder, I'll be there.

Text and Music: James M. Black
Swedish Text: J. Appelberg

90   *O hur härligt att få vandra*

1. O hur härligt att få vandra
   Hemåt vid vår Faders hand!
   Snart vi slutat ökenfärden
   Och gå in i Kanaans land.

1. Shall we gather at the river,
   Where bright angel feet have trod;
   With its crystal tide forever
   Flowing by the throne of God?

REFRÄNG:
　　Härligt sången där skall brusa,
　　Stark som dånet av en vattenflod.
　　Äran tillhör Gud och lammet,
　　Som oss vunnit med sitt blod.

2. Här vid älvarna i Babel
　　Tystnar ofta nog vår sång,
　　Men vi vänta bättre dagar
　　I Jerusalem en gång.

3. Här vi skiljas från varandra,
　　Här är möda, sorg och strid,
　　Men uti den gyllne staden
　　Snart vi mötas få i frid.

4. O må ingen bli tillbaka
　　Här i denna mörka värld,
　　Må vi alla där få mötas
　　Efter slutad pilgrimsfärd.

CHORUS:
　　Yes, we'll gather at the river,
　　The beautiful, the beautiful river,
　　Gather with the saints at the river
　　That flows by the throne of God.

2. On the bosom of the river,
　　Where the Savior-King we own,
　　We shall meet, and sorrow never,
　　'Neath the glory of the throne.

3. Ere we reach the shining river,
　　Lay we every burden down;
　　Grace our sprits will deliver,
　　And provide a robe and crown.

4. Soon we'll reach the shining river,
　　Soon our pilgrimage will cease;
　　Soon our happy hearts will quiver
　　With the melody of peace.

Text and Melody: Robert Lowry
Swedish Text: Joel Blomquist

91 O store Gud

1. O store Gud, när jag den värld beskådar
som du har skapat med ditt allmaktsord,
hur där din visdom leder livets trådar
och alla väsen mättas vid ditt bord,

1. O Lord my God! When I in awesome wonder
Consider all the worlds thy hands have made,
I see the stars, I hear the rolling thunder,
thy power throughout the universe displayed,

REFRÄNG:
> Då brister själen ut i lovsångsljud:
> O store Gud, O store Gud!
> Då brister själen ut i lovsångsljud:
> O store Gud, O store Gud!

2. När sommarvinden susar över fälten,
   när blommor dofta invid källans rand,
   när trastar drilla i de gröna tälten
   vid furuskogens tysta, dunkla rand,

3. Och när jag vet hur Kristus lät sig födas,
   och hur han frälste, hjälpte överallt,
   och sedan lät sig till försoning dödas,
   och uppstå i förhärligad gestalt,

4. När slutligt alla tidens höljen falla
   och i åskådning byter sig min tro,
   och evighetens klara klockor kalla
   min sälla ande till dess sabbatsro,

CHORUS:
> Then sings my soul, my Savior God to thee;
> How great thou art, how great thou art!
> Then sings my soul, my Savior God to thee;
> How great thou art, how great thou art!

2. When through the woods and forest glades I wander
   And hear the birds sing sweetly in the trees,
   When I look down from lofty mountain grandeur
   And hear the brook and feel the gentle breeze.

3. But when I think that God, his Son not sparing,
   Sent him to die, I scarce can take it in,
   That on the cross my burden gladly bearing,
   He bled and died to take away my sin.

4. When Christ shall come, with shout of acclamation,
   And take me home, what joy shall fill my heart!
   Then I shall bow in humble adoration,
   And there proclaim, "My God, how great thou art!"

Text: Carl Boberg • *Melody:* Swedish Folk Tune
Singable Translation: Stuart K. Hine

Written by editor and member of Parliament Carl Boberg in 1885, this religious song first gained a great following in Swedish America under the title "How Great Thou Art." It has now entered the Swedish hymnal and is now becoming a favorite in the country of its origin.

92 Sabbatsdag, hur skön du är

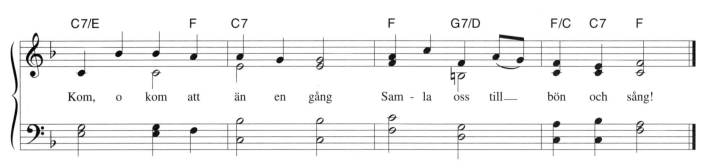

1. Sabbatsdag, hur skön du är,
   Skänkt av Gud, jag har dig kär;
   Kom, O kom att än en gång
   Samla oss till bön och sång!

2. Efter arbetsveckans strid
   Få vi sitta ned i frid
   Vid vår Faders rika bord,
   Lyssnande till nådens ord.

3. Gud, vår Gud, till dig vi se,
   Giv oss rik välsignelse;
   Låt ditt evangelium
   Ljuda klart i alla rum!

4. Låt i dag ditt helga ord
   Göra under på vår jord!
   Våra arma själar föd,
   Herde god, med livets bröd!

5. Herre, komme snart den tid,
   Då vi efter livets strid
   Uti evig sabbatsro
   Få i dina gårdar bo!

1. Sabbath day of rest and cheer!
   Day divine, to me so dear!
   Come, O come to old and young,
   Gath'ring all for prayer and song.

2. Now the week of toil is o'er,
   And in peace we sit once more
   In Thy presence, gracious Lord,
   List'ning to Thy holy Word.

3. Lord, our God, we seek Thy face,
   Bless us with Thy saving grace,
   May Thy heralds ev'rywhere
   Fervently Thy truth declare.

4. Let Thy mighty Word hold sway
   Over men on earth today;
   Our poor souls, good Shepherd, feed,
   Into pastures green us lead.

5. May, O Lord, the day be near,
   When we pass from trials here
   Into Thine eternal rest,
   In the mansions of the blest.

Text and Melody: Joel Blomquist
Singable Translation: A. L. Skoog

93 ※ Så går en dag

1. Så går en dag än från vår tid
   Och kommer icke mer,
   Och än en natt med Herrens frid
   Till jorden sänkes ner.

2. Men du förbliver den du var.
   O Herre, full av nåd,
   Och våra nätter, våra dar
   Du tecknat i ditt råd!

3. Trygg i din vård jag lämnar mig,
   När solen från oss flyr;
   Och gladligt skall jag prisa dig,
   När dagen åter gryr.

4. Men om det stilla dödens bud
   I denna natt jag hör,
   Det är min tröst, att din, o Gud,
   Jag lever och jag dör!

1. Again a day has from us gone,
   Gone ever from our sight;
   Once more, its daily labors done,
   Come peace and rest of night.

2. But Thou remainest, God of grace,
   Forevermore the same;
   Thou all our nights and all our days
   Didst number ere they came.

3. Safe in Thy keeping let me rest,
   When daylight fades away;
   With joyful praise Thy name be blest
   When morning breaks o'er head.

4. And if death's solemn call I hear,
   While in my sleep I lie;
   What comfort, Lord, that Thou art near;
   In Thee I live and die.

Text: Johan Olof Wallin and Johann Friedrich Herzog
Melody: Christian Störl
Singable Translation: Gerhard W. Palmgren

94 · Tack, O Gud, för vad du varit

1. Tack, O Gud, för vad du varit,
   Tack för allt, vad du beskär!
   Tack för tiderna, som farit,
   Tack för stunden, som nu är.
   Tack för ljusa varma vårar,
   Tack för mörk och kulen höst.
   Tack för redan glömda tårar,
   Tack för friden i mitt bröst!

2. Tack för vad du uppenbarat,
   Tack för vad jag ej förstår.
   Tack för bön, som du besvarat,
   Tack för vad jag icke får.
   Tack för livets hemligheter,
   Tack för hjälp i nödens stund.
   Tack för nåd, som ingen mäter.
   Tack för blodets fridsförbund!

1. Thanks to God for my Redeemer,
   Thanks for all Thou dost provide!
   Thanks for times now but a mem'ry,
   Thanks for Jesus by my side!
   Thanks for pleasant, balmy springtime,
   Thanks for dark and dreary fall!
   Thanks for tears by now forgotten,
   Thanks for peace within my soul!

2. Thanks for prayers that Thou hast answered,
   Thanks for what Thou dost deny!
   Thanks for storms that I have weathered,
   Thanks for all Thou dost supply!
   Thanks for pain, and thanks for pleasure,
   Thanks for comfort in despair!
   Thanks for grace that none can measure,
   Thanks for love beyond compare!

3. Tack för rosorna vid vägen,
   Tack för törnet ibland dem.
   Tack för resta himlastegen,
   Tack för evigt tryggat hem.
   Tack för kors och tack för plåga,
   Tack för himmelsk salighet.
   Tack för stridens klara låga,
   Tack för allt i evighet!

3. Thanks for roses by the wayside,
   Thanks for thorns their stems contain!
   Thanks for home and thanks for fireside,
   Thanks for hope, that sweet refrain!
   Thanks for joy and thanks for sorrow,
   Thanks for heav'nly peace with Thee!
   Thanks for hope in the tomorrow,
   Thanks thro' all eternity!

Text: August Ludvig Storm • *Melody:* J. A. Hultman
Singable Translation: Carl E. Backstrom

95 ❈ Tryggare kan ingen vara

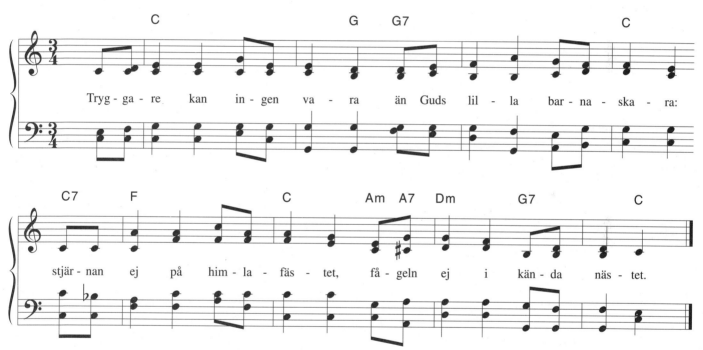

1. Tryggare kan ingen vara
   Än Guds lilla barnaskara:
   Stjärnan ej på himlafästet,
   Fågeln ej i kända nästet.

2. Herren sina trogna vårdar
   Uti Sions helga gårdar;
   Över dem han sig förbarmar,
   Bär dem uppå fadersarmar.

3. Ingen nöd och ingen lycka
   Skall utur hans hand dem rycka.
   Han, vår vän för andra vänner,
   Sina barns bekymmer känner.

1. Children of the heavenly Father,
   Safely in His bosom gather;
   Nestling bird nor star in heaven
   Such a refuge e'er was given.

2. God His own doth tend and nourish,
   In His holy courts they flourish.
   From all evil things He spares them,
   In His mighty arms He bears them.

3. Neither life nor death shall ever
   From the Lord His children sever;
   Unto them His grace He showeth,
   And their sorrows all He knoweth.

4. Gläd dig då, du lilla skara:
   Jakobs Gud skall dig bevara.
   För hans vilja måste alla
   Fiender till jorden falla.

5. Vad han tar och vad han giver,
   Samme fader han dock bliver,
   Och hans mål är blott det ena:
   Barnets sanna väl allena.

4. Praise the Lord in joyful numbers:
   Your Protector never slumbers.
   At the will of your Defender
   Every foeman must surrender.

5. Though He giveth or He taketh,
   God His children ne'er forsaketh,
   His the loving purpose solely
   To preserve them pure and holy.

Text: Lina Sandell-Berg • *Melody:* Swedish variation on German Folk Tune
Singable Translation: Ernst William Olson

96 — Var jag går

1. Var jag går, i skogar, berg och dalar,
   Följer mig en vän, jag hör hans röst.
   Väl osynlig är han, men han talar,
   Talar stundom varning, stundom tröst.
   Det är Herden god: väl var han döder,
   Men han lever i all evighet;
   :/: Sina får han följer, vårdar, föder
   Med osäglig trofasthet. :/:

2. Allt, vad vi till evig tid behöva,
   Allt i alla har jag i min vän;
   Allt, vad som mitt hjärta kan bedröva,
   Känner han och hjälper det igen.
   Väl försvinner ofta vännen kära,
   Men han sade själv: en liten tid;
   :/: Se'n en tid igen, och jag är nära,
   Då blir åter fröjd och frid. :/:

3. Följ mig, huldaste uppstungna hjärta,
   På den väg jag genom öknen går!
   Låt min tro, i glädje och i smärta,
   Kunna vila städs vid dina sår!
   Låt mig somna i ditt hulda sköte,
   Låt mig uppstå, klädd uti din skrud,
   :/: Frälst och salig ropa vid ditt möte:
   O min Herre och min Gud! :/:

1. Wheresoe'er I roam through valleys dreary,
   Over mountains, or in pathless wood,
   Ever with me is a Friend to cheer me,
   Warning, comforting as none else could.
   'Tis the Shepherd, who once dying, bleeding,
   Still through all eternity shall live;
   :/: Following His flock, protecting, feeding,
   He the tend'rest care doth give. :/:

2. All my needs eternally supplying,
   All in all to me that Friend shall be;
   Ev'rything for which my heart is sighing
   He perceives, and helps me lovingly.
   Though I often feel forsaken, lonely,
   He is ever near, for He did say:
   :/: "I am with you always," and this only
   Gives me courage on my way. :/:

3. Pierced Heart, with love o'erflowing, guide me,
   Help me through life's desert find my way.
   Let my faith, no matter what betide me,
   Find assurance in Thy wounds for aye.
   To Thy bosom for this life is fleeting.
   Take me, wash my garments in Thy blood,
   :/: And arising may I, at Thy meeting,
   Cry with joy, "My Lord and God!" :/:

Text: Carl Olof Rosenius • *Melody:* Danish Folk Tune
Singable Translation: Victor O. Peterson

Index to Titles and First Lines

This index includes titles, first lines of all the songs in Swedish, and first lines of those with singable translations.

Song Number

Title/First Line	No.
A sailor loves the salty brine	15
Ack Värmeland, du sköna	1
Again a day has from us gone	93
All hail to thee, O blessed morn	75
Allt under himmelens fäste	2
Amerikabrev	3
A thousand Christmas candles now	67
Att vara kär, dä ä en ryslig pina	37
Barnatro	76
Barndomshemmet	4
Beautiful Savior! King of creation	82
Blomman	5
Blott en dag	77
Bred dina vida vingar	78
Brothers, we have far to go	41
Bröder, vi ha långt att gå	41
Byssan lull	6
Bä, bä, vita lamm	52
Call it an Edengarden	51
Cecilia Lind	7
Chicago, Chicago, now dere's	8
Chikago	8
Children of the heavenly Father	95
Christmas is here again	68
Dansen den går uppå Svinsta skär	9
Day by day and with each	77
Den blomstertid nu kommer	79
Den första gång jag såg dig	10
Det var dans bort i vägen	11
Drink a toast	21
Du gamla, du fria	12
Du tycker du är vacker	53
Där björkarna susa	13
Där gingo tre jäntor i solen	44
Där sädesfälten böja sig för vinden	4
En gång jag seglar i hamn	14
En sjöman älskar havets våg	15
Fjorton år	16
Fjäriln vingad syns på Haga	17
Flickan på Bellmansro	18
Flickorna i Småland	19
Fourteen years, I should say	16
Från Öckerö loge hörs dragspel	7
Good morning, said he	50
Gubben Noak	20
Glädjens herre, var vår gäst	80
Gud, som haver barnen kär	54
Han skall öppna pärleporten	81
Har du kvar din barnatro	76
Have you kept your childlike faith	76
Hej, tomtegubbar	64
Helan går	21
Here by this spring reclining	48
He the pearly gates will open	81
Hey! jolly gnomes	64
Hosianna, Davids son	65
Hälsa dem därhemma	22
Härlig är jorden	82
Här är gudagott att vara	23
Hör, hur västanvinden susar	24

Title/First Line	No.
I Ban a Swede	25
I den stilla aftonstund	83
I den stora tysta natt	22
I have a Friend who loveth me	84
I have heard of a heavenly city	85
I'm a pilgrim, and I'm a stranger	87
In summer the sun shines so clearly	26
Inte skall du fälla en tår	27
I sommarens soliga dagar	26
It is wonderful to be living	23
I turn unto a stable	69
Ja, må han leva	28
Ja, nu ska ja rita hem to you	3
Jag har en vän	84
Jag har hört om en stad	85
Jag kan icke räkna dem alla	86
Jag väntar vid min stockeld	29
Jag är främling	87
Jesus kär, gå ej förbi mig	88
Johan på Snippen	30
John Johnson's Wedding	31
Join our table, Lord of Joy	80
Julpolska	66
Jungfru, jungfru	55
Kalla den Änglamarken	51
Karusellen	55
Klara solen	56
Kostervalsen	32
Kristallen den fina	33
Kom, i kostervals	32
Lasse, Lasse liten	57
Lilla vackra Anna	34
Liten blir stor, drömmer och tror	14
Love divine, so great and wondrous	81
Lugn vilar sjön	35
Midnatt råder, tyst det är i husen	74
Midnight reigns, it is quiet	74
Min egen lilla sommarvisa	36
Månen lyser över stan	57
Natten går tunga fjät	71
Near Gothenburg's seacoast	7
Nikolina	37
Nocturne	38
Now we have light	66
Nu ha vi ljus här i vårt hus	66
Nu Johan på Snippen	30
Nu ä' dä' sommar, nu ä' dä' sol	36
Nu tändas tusen juleljus	67
Nu är det jul igen	68
När den evigt klara morgon gryr	89
När Guds röst till välkomst bjuder	89
När jag är tio år	39
När juldagsmorgon glimmar	69
När vår Herre gör en blomma	5
Och jungfrun hon går i dansen	40
O'er the misty park of Haga	17
Oh, we had a fancy party	31
O hur härligt att få vandra	90
Old man Noah, Old man Noah	20
On the deck I stand at night	22

Title/First Line	No.
O store Gud	91
O Lord my God	91
Out in our meadow grow blueberries	45
Pass me not, O gentle Savior	88
På Djurgårdsslätten	18
På lingonröda tuvor	19
Räven raskar över isen	70
Rida, rida ranka	58
Ritsch, ratsch, filibom!	59
Röda stugor tåga vi förbi	42
Sabbath day of rest and cheer	92
Sabbatsdag, hur skön du är	92
Sankta Lucia	71
Shall we gather at the river	90
Silent night, holy night	73
Skada att Amer'ka	41
Skära, skära havre	60
Små grodorna	61
Sommarvandring	42
Sov på min arm	38
Staffan var en stalledräng	72
Stilla natt, heliga natt	73
Still lies the lake deep in the valley	35
Så går en dag	93
Så skimrande var aldrig havet	43
Tack, O Gud, för vad du varit	94
Thanks to God for my Redeemer	94
The first time that I saw you	10
The froggies, the froggies	61
The stars they shine so brightly	2
Thief, yes thief, shall be your name	62
Thou ancient, thou freeborn	12
Though crystal shines rarely	33
Three girls in the sunshine	44
Three old ladies	63
Thy holy wings, dear Savior	78
Tjuv och tjuv	62
Tomtarnas julnatt	74
Tre små gummor	63
Tre trallande jäntor	44
Tryggare kan ingen vara	95
Underbara Gudakärlek	81
Uti vår hage	45
Var hälsad, sköna morgonstund	75
Var jag går	96
Vem kan segla förutan vind?	46
Vi gå över daggstänkta berg	47
Vila vid denna källa	48
Vägarna de skrida	49
When I am ten or so	39
When the trumpet of the Lord	89
When you're in love	37
Wheresoe'er I roam through	96
Where the western winds go rippling	4
Who can sail without a wind?	46
Yes, may he (she) live	28
Å jänta å ja'	50
Änglamarken	51